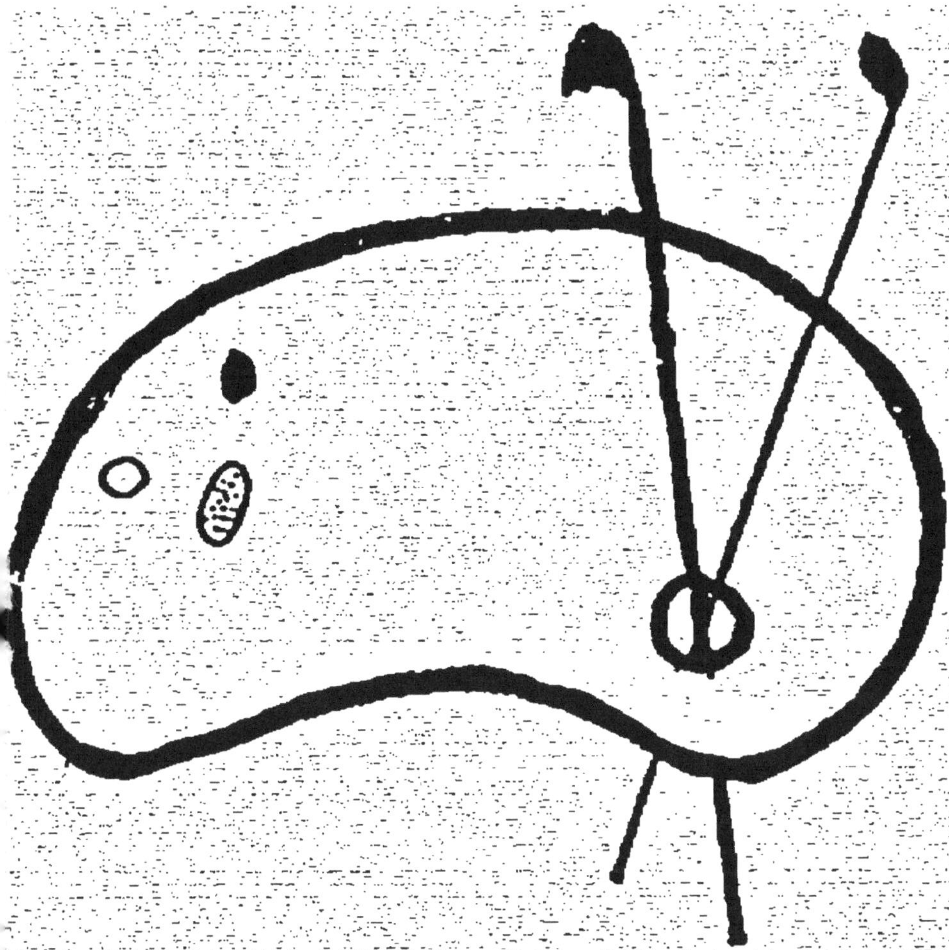

ORIGINAL EN COULEUR
NF Z 43-120-8

LA CHUTE ORIGINELLE

SELON LE SPIRITISME

LA
CHUTE ORIGINELLE
SELON LE SPIRITISME

SYNTHÈSE SPIRITUALISTE

PAR

J.-E. GUILLET

> Celui qui, en dehors des mathématiques pures,
> prononce le mot impossible manque de prudence.
> ARAGO

PARIS

LIBRAIRIE	LIBRAIRIE
DES SCIENCES PSYCHOLOGIQUES	AUGUSTE GHIO
ÉDITEUR	ÉDITEUR
5, rue des Petits-Champs, 5.	Palais-Royal, Galerie d'Orléans.

PRÉFACE

A MES FRÈRES SPIRITES

La conscience obéit mal lorsque l'esprit doute, a dit Lamartine. Cette parole d'un de nos plus éminents penseurs donne la raison d'être de ce livre.

A notre époque tourmentée, où la philosophie moderne cherche sa voie, il était bon, ce nous semble, de présenter sous une forme concise, mais raisonnée, les principaux problèmes qui s'imposent généralement à l'intelligence, et c'est par le spiritisme que nous avons voulu les résoudre.

Nous avons ainsi fait défiler devant lui les diverses théories qui ont cours aujourd'hui, telles que matérialisme, panthéisme, transformisme, etc.

Le transformisme surtout a été l'objet d'une discussion approfondie à cause des points de contact qu'il offre avec le spiritisme, avec lequel certains écrivains prévenus veulent le confondre.

La doctrine de la chute, posée en principe dans le « Livre des Esprits » d'Allan Kardec, et développée plus tard dans les Évangiles de J.-B. Roustaing, a donc besoin d'être dégagée d'un alliage dangereux qui ne peut qu'obscurcir le caractère principal de la révélation spirite.

La réincarnation mal comprise, en effet, n'a pas de meilleures conséquences que le matérialisme ou le panthéisme qu'elle a pour but de combattre; c'est une question de mots, pas autre chose.

Il appartenait au spiritisme de mettre en lumière le pourquoi de notre existence terrestre, et les conséquences qui en résultent.

Beaucoup d'écrits ont été publiés sur ce sujet; mais leurs auteurs se sont attachés plutôt à la partie expérimentale ou morale qu'à la partie doctrinale.

Seul, l'ouvrage récent de M. A. Bellemare : « Spirite et Chrétien », a mis en relief la question qui fait le fond de la doctrine spirite. Mais ce livre, dicté par la foi, est plutôt une exposition de la chute qu'une discussion.

La théorie de la chute originelle a besoin, selon nous, d'être examinée et comparée avec soin pour vaincre le scepticisme.

C'est le but que nous nous sommes proposé en livrant à la publicité cet ouvrage, fruit de longues années de méditation.

Le lecteur verra que le spiritisme a réellement révélé quelque chose, quoi qu'en disent ceux qui ne le considèrent que comme une variété du transformisme.

Ce ne serait, du reste, vraiment pas la peine d'être spirite, ou de se dire tel, si l'on ne savait sur Dieu et sur l'homme, sur les Esprits et sur les mondes, rien de plus que ce qu'en ont dit tous les palingénésistes modernes.

Nos adversaires trouveront donc dans ce livre

la réponse à toutes leurs objections, et la clef véritable de la vie future, telle qu'elle ressort clairement du Livre des Esprits, base de la révélation spirite, et des Évangiles de J.-B. Roustaing qui en sont le plus beau commentaire.

15 septembre 1884

J.-E. G.

SOMMAIRE DES CHAPITRES

Chapitre Ier. — Considérations physiologiques. — De l'origine de l'espèce humaine. — L'homme fossile et l'homme embryonnaire. — Le système de Darwin et la transformation des êtres. — Les espèces et les races. — Sélection naturelle. — Attraction et répulsion. — L'homme et le singe. — Apparition de l'homme. — Le repos de Dieu. — Les races humaines. — L'homme, roi de la création.

Chapitre II. — Considérations psychologiques. — L'intelligence des animaux et l'esprit de l'homme. — Elaboration de l'âme. — Esprit et matière. — Phénomènes spirites. — Tables intelligentes. — Médiums. — Existence de Dieu. — Inégalité intellectuelle des êtres dans tous les règnes. — Préexistence et antériorité de l'âme. — Le tout universel et le panthéisme. — L'individualité. — Evolution et chute de l'Esprit. — Le paradis perdu. — L'incarnation humaine et la réincarnation. — Transformisme spirituel. — Les anges déchus. — Erreur d'Origène et des origénistes.

CHAPITRE III. — CONSIDÉRATIONS MORALES. — Le bien et le mal. — De l'origine du mal. — Le vice et la vertu. — Le libre arbitre. — La conscience. — L'incarnation humaine et la souffrance. — Le ciel spirite. — La prison spirituelle. — Les aspirations de l'âme. — But de la souffrance chez les animaux. — La vie céleste terme de la souffrance. — L'oubli du passé et l'unité d'existence. — Évolution ascensionnelle. — Inégalité des conditions sociales. — Expiations corporelles. — Progrès des mondes. — Prescience divine. — Esprits infaillis et purs Esprits.

CHAPITRE IV. — CONSIDÉRATIONS ÉVANGÉLIQUES. — Le Christ, sa mission, sa doctrine, ses enseignements. — Le royaume des cieux. — Les morts et les vivants. — Le siècle à venir. — Le pain de vie. — Le transformisme et l'immortalité. — Le feu éternel. — Le jugement dernier. — La vie éternelle. — Transformation de la terre. — L'apocalypse. — Conditions de salut.

CHAPITRE V. — CONSIDÉRATIONS FLUIDIQUES. — Genèse de l'Esprit. — Le périsprit ou corps spirituel. — Épreuves périspritiques. — Forme céleste. — Les fluides dans les différents états de la matière. — Les apparitions tangibles. — L'univers sidéral. — Notre tourbillon solaire. — Théorie de Laplace. — Les mondes fluidiques et les mondes matériels; leur habitabilité. — Origine de la terre. — Ptolémée, Copernic et Galilée. — De la lumière solaire à propos de la Genèse. — Le périsprit et les mouvements vibratoires. — Les passions de l'âme. — Ascension glorieuse de l'Esprit. — La liberté céleste. — L'œuvre de l'Esprit de Vérité.

CHAPITRE VI. — CONSIDÉRATIONS MÉDIANIMIQUES. — Caractère de la révélation spirite. — Les livres précurseurs. — Michel de Figanières, Louis de Tourreil et Vintras. — Nécessité de la révélation. — Les livres fondamentaux de la doctrine spirite. — Allan Kardec et J.-B. Roustaing. — Évolution de l'Esprit d'après le Livre des Esprits d'Allan Kardec. — Évolution de l'Esprit selon les Évangiles de Roustaing. — L'arbre de vie et l'arbre de science. — Concordance générale. — Le Christ, protecteur et gouverneur de la terre. — Son incarnation périspritique. — Objections et réponses. — Rôle du Christ dans le spiritisme. — Horizons nouveaux.

CHAPITRE VII. — APPENDICE. — NOS POÈTES. — La poésie épique et la chute originelle. — Le Dante, Klopstock et Milton. — Lamartine et Victor Hugo. — L'idée religieuse et l'ordre social. — *La chute d'un Ange* de Lamartine. — *Eloa*, par Alfred de Vigny. — *Les Contemplations* de Victor Hugo. — Concordance avec la doctrine spirite. — Poésie médianimique d'outre-tombe, par Alfred de Musset.

INTRODUCTION

Au fond des croyances de l'humanité tout entière repose une légende que chaque peuple a interprétée à sa manière, et qui forme le pivot, le point fondamental de toutes les religions.

Les Hindous, les Hébreux, sont ceux parmi lesquels cette légende s'est le plus fortement enracinée ; et les Chrétiens, descendant en droite ligne de ces derniers, s'appuyant du reste sur les mêmes Livres, l'ont acceptée à leur tour, sans en chercher le sens véritable.

Nous voulons parler de la chute originelle.

La mythologie grecque nous offre, de son côté, un spécimen de cette tradition dans la guerre des Titans. Elle nous représente ces fils du Ciel et de la Terre, entassant montagne sur montagne, Pélion sur Ossa, pour rentrer dans l'Olympe d'où ils avaient été bannis par Jupiter.

En même temps, dès l'antiquité la plus reculée, partout nous voyons l'humanité suppliante offrir des sacrifices, ériger des autels, dresser des bûchers, immoler des victimes, dans le but d'apaiser la divinité outragée.

Que signifie tout cela? Sans aucun doute, il faut croire que l'homme, être raisonnable, tout en voulant sonder le mystère de son origine, a voulu ainsi se répondre à lui-même; car, bien que le scepticisme, déflorant tout ce qu'il touche, ait essayé d'attaquer cette universelle tradition, toujours il s'est levé des hommes prêts à la défendre.

Pourquoi cette lutte? Qui devons nous croire?

Faut-il abandonner cette légende, ou y attacher une importance sérieuse? En un mot, doit-on donner raison à ceux qui affirment la chute ou à ceux qui la nient ?

Tel est le problème :

Au premier abord, il semble vraiment déraisonnable de nier une chose que l'on ne comprend pas ; et, encore que le comprendre soit la mesure du croire, selon l'expression de Bayle, le plus sage, avant de se prononcer sur ce grave sujet, c'est de réfléchir.

De même que le sentiment interne qui fait accepter l'idée d'un Créateur trouve sa raison d'être dans l'infériorité de la créature, de même aussi l'homme, consultant son cœur, trouve que ses aspirations ne peuvent être satisfaites qu'au delà de la terre.

Peut-on trouver là l'idée de la chute ?

Au point où les sciences sont arrivées, il nous sera peut-être facile de répondre, non qu'une pareille question soit du domaine de la science positive ; mais nous voulons dire seulement que les connaissances actuelles nous aideront à la résoudre, précisément parce qu'on s'appuie sur elles pour la combattre.

On voit que nous nous proposons de démontrer que la chute existe. — Sous quelle forme? C'est ce que le lecteur jugera.

LA CHUTE ORIGINELLE

SELON LE SPIRITISME

CHAPITRE PREMIER

CONSIDÉRATIONS PHYSIOLOGIQUES

Le dix-neuvième siècle, si fécond en découvertes, a résolu, dans son infatigable énergie, de trouver l'origine de l'espèce humaine. La géologie lui a servi jusqu'ici de point d'appui; et bien que les derniers fossiles découverts fassent peu espérer de résoudre de sitôt le problème, nos savants ont foi en ses promesses.

Il ne s'agit plus, dans ce siècle positif, de croire à la foi révélée; ce que l'on veut, maintenant, ce sont des preuves palpables. Or, qu'espère-t-on découvrir? La science caresse une chimère : elle veut trouver la preuve de l'unité ou de la pluralité d'origine de l'espèce humaine.

A quoi aboutira cette découverte ? S'il est prouvé que l'homme a pris naissance simultanément et à différentes époques, l'histoire d'Adam et d'Ève devra être considérée comme une figure. Si, au contraire, il est démontré que l'humanité sort d'un seul et unique couple, c'est la création « miraculeuse » d'Adam qui nous est imposée. Dans le premier cas, selon les uns, l'homme est le produit du « hasard »; dans le deuxième cas, selon les autres, l'homme est le produit du « miracle ».

Eh bien, nous ne craignons pas de le dire, ni l'une ni l'autre de ces deux conclusions ne nous satisfait.

Tout d'abord, écartons l'idée d'athéisme; car quel que soit le mode de création que la nature ait employé, l'existence de Dieu ne peut pour cela être mise en doute; et même en dehors de toute révélation cosmogonique, quelles que soient les découvertes de la science, nous n'en aurions pas moins l'idée d'un Créateur.

Que l'humanité provienne d'un seul couple ou de plusieurs, là n'est pas la difficulté; ce qu'il importe d'établir, *c'est la manière dont s'est opérée l'apparition de l'homme.*

Nous supposons que le lecteur croit en Dieu, et qu'il se le représente assez immatériel pour qu'il ait été dispensé de pétrir un corps sur lequel il aurait soufflé pour y introduire une âme vivante. De toute rigueur, il faut prendre le récit de la Bible d'une façon allégorique, tout en maintenant ces paroles de la Genèse: « *Dieu forma l'homme du limon de la terre.* » Puis nous ajoutons que Dieu, par son *souffle* c'est-à-dire sa puissance, a gratifié l'homme d'un principe spirituel de vie, distinct de la matière, *et qui survit au corps.*

Ceci posé, nous demandons aux géologues et aux anthropologistes si, avec une pareille base, il est possible de découvrir l'homme primitif. Les premiers embryons humains ne peuvent évidemment se retrouver, non seulement les premiers, mais même les fossiles des corps ayant eu déjà forme humaine.

Toutes les recherches n'aboutiront donc qu'à déterminer d'une manière vague le degré d'ancienneté de l'espèce; car bien qu'on puisse remonter à une époque très reculée, tout ce qu'on découvrira de fossiles sera tellement loin des premières ébauches, que c'est presque peine perdue de chercher si avant. Toutefois, nous admirons la patience et la persévérance de nos savants, et nous sommes les premiers à dire que tout homme intelligent doit s'intéresser à ces débats.

Ceci nous amène à parler du système de Darwin.

On sait que ce savant naturaliste a émis l'opinion que tous les êtres qui peuplent la terre, hommes et animaux, auraient été formés, par voie de transformation, d'un seul et unique couple primordial; que, par exemple, l'homme descendait du singe, le singe de l'ours, l'ours de... cherchez !

Ce système, qui a eu un grand retentissement, ne peut se soutenir un instant devant la logique. Il est évident qu'en remontant, par la pensée, au-delà de périodes cent fois séculaires nous retrouverions en effet un seul couple. Mais si un couple a pu germer sur un point du globe, pourquoi le même fait ne se serait-il pas reproduit sur d'autres points?

Si le système de Darwin était vrai, nous demanderions pourquoi l'homme n'a pas produit une nouvelle espèce d'êtres : telle doit être pourtant la conséquence de cette théorie de la transformation.

Au contraire, par la transformation, les races humaines tendent à s'effacer, et pour peu que le croisement prenne en Asie et en Afrique l'extension qu'il a eue en Europe et en Amérique, bientôt l'espèce humaine ne formera plus qu'une grande famille de même couleur, sinon de même nuance. Certes, il y aura toujours des dissemblances locales; le climat, les habitudes, la manière de vivre, établiront à coup sûr une ligne de démarcation entre les habitants de pôles opposés, mais, à part cela, les hommes ne se distingueront entre eux qu'à la différence près caractérisant, par exemple, l'homme opulent et le travailleur des mines.

Si l'espèce humaine provient de la filière animale et n'est qu'un anneau de plus ajouté à la chaîne des êtres, nous devons espérer que le règne animal nous offrira tôt ou tard une homogénéité de forme et de couleur semblable, dans son genre, à celle que l'humanité promet. Or, c'est ce que l'on peut démentir sans crainte, si l'on considère la manière dont les animaux se reproduisent, chacun s'accouplant *selon son espèce* et ne cherchant pas à en sortir. Les hybridations sont extrêmement difficiles à obtenir; dans ces cas très rares, les produits sont stériles, et, s'ils sont féconds, à la troisième ou quatrième génération il y a retour au type primitif; c'est un fait acquis désormais à la science (1).

Si parmi les différentes espèces il y a des êtres qui offrent une grande ressemblance avec d'autres, tels que le cheval et l'âne, le chien et le loup, l'ours et le singe, est-ce une raison pour en conclure que tous proviennent de la même souche? Quel rapport peut-il y avoir entre le lièvre et la tortue, le coq et le porc-épic, le cerf et l'éléphant, l'aigle et le lion, l'autruche et la girafe, le serpent et le crocodile, etc., etc.?

Darwin invoque le temps; pour lui cette transformation s'est opérée lentement, et à l'aide des siècles.

Nous savons, en effet, que le temps peut apporter bien des modifications dans les races. Mais pourquoi des espèces aussi disparates se sont-elles produites précisément en sens inverse de l'unité à laquelle l'espèce humaine tend de plus en plus. Celles que nous venons de nommer, par exemple, ne sont-elles pas un défi jeté à la théorie de la transformation darwinienne? Si l'homme est le

---

(1) L'hirondelle construit son nid, le castor son habitation, comme il y a deux mille ans, autre preuve de l'immobilité des *espèces*.

dernier anneau de la chaîne, comment se fait-il que ces multitudes d'espèces coexistent encore?... Il ne devrait y avoir actuellement sur la terre que des singes et des hommes!...

Force nous est donc d'éliminer le système Darwin qui prétend faire de l'homme le descendant d'une race simienne quelconque. Que les partisans de cette théorie gardent leur opinion, c'est leur droit, mais qu'ils ne trouvent pas mauvais que tout le monde ne soit pas de leur avis (1).

Si le corps humain n'a pas été produit par voie de transformation, quelle est son origine?

La Bible répond que Dieu l'a tiré du limon de la terre. Très bien. Ceci revient à dire que le limon de la terre, fécondé par la puissance divine, a formé l'homme, comme il avait formé précédemment les différentes espèces animales et végétales.

Mais l'homme n'a-t-il germé que sur un point? S'il a pu germer sur un point, pourquoi ne serait-il pas né également sur d'autres? Nous répondons

---

(1) L'accord est loin d'être fait entre les anthropologistes; il suffit, pour s'en convaincre, de citer les noms de Cuvier, Lamarck, Geoffroy Saint-Hilaire, Blainville, Darwin, de Quatrefages, Gratiolet, Buchner, Chavée, Flourens, Broca, etc., etc.

hardiment que rien ne pouvait s'y opposer; et ce qui corrobore puissamment notre affirmation, ce sont les différentes races, si distinctes entre elles dès l'origine (1).

Tout ce qui, dans la nature, procède de la matière, a une source analogue. De même que les premiers minéraux se sont formés, à diverses époques, à la suite du refroidissement graduel du globe, de même aussi, du limon détrempé et fécondé, se sont formées, selon les temps et les lieux, les différentes espèces végétales, puis animales. C'est à la suite de ces dernières que l'espèce humaine a dû prendre naissance; et bien qu'il ne se forme plus d'hommes par cette voie sur la terre, nous n'en devons pas moins accepter cette théorie dans toute sa rigueur. Si ce mode de formation n'existe plus sur notre globe, *pour les grandes espèces* (2), c'est qu'il est sorti de la période d'in-

(1) L'examen physiologique prouve qu'il y a entre certaines races des différences constitutionnelles plus profondes que celles que peut produire le climat. Le croisement des races produit les types intermédiaires: il tend à effacer les caractères extrêmes, mais il ne les produit pas: il ne crée que des variétés; or, pour qu'il y ait croisement de races, il fallait qu'il y eût des races distinctes, et comment expliquer leur origine en leur donnant une souche commune. (Allan Kardec: le *Livre des Esprits*, page 24.)

(2) La génération des petites espèces inférieures a encore

cubation; les êtres portent en eux, et depuis longtemps, la semence pour se reproduire, chacun selon son espèce. C'est ce que la Bible appelle, par métaphore, *le repos de Dieu*. (Genèse, ch. 2, v. 2).

D'où vient cette variété profonde dans l'unité créatrice? Quel a été le moteur principal dans cette grande œuvre des espèces?

Sans contredit, la Cause suprême de qui tout dérive, et qui, dès le principe, a mis en mouvement cet ensemble merveilleux de la nature a établi une base puissante aux lois qui la régissent; cette base, ce sont les fluides, dont les combinaisons infinies engendrent l'attraction ou la répulsion.

La répulsion se manifeste lorsqu'on veut faire reproduire contre nature les différentes espèces. Nous disons *espèces* et non *races*. Le chien et le chat sont espèces; le levrier et le boule-dogue sont races. Pourquoi cette répulsion? C'est ce que la science saura le jour où elle pourra analyser complètement les fluides.

Si les accouplements contre nature ne produisent que des êtres stériles, il n'en est pas de même des

lieu par la voie primordiale; c'est ce qu'on appelle improprement : *génération spontanée.*

races qui, mélangées, *en engendrent d'autres variées et fécondes*. Il en est de même pour l'homme. Cela n'implique pas que les germes ont dû éclore sur un seul point, soit pour les espèces, soit pour les races. Non; du même coup, en divers lieux, en différents temps l'éclosion a pu se produire, et rien ne peut prouver le contraire.

Il faut donc le reconnaître, l'espèce humaine, comme toutes les autres, *a commencé par la période embryonnaire*. Les premiers germes, à l'époque d'incubation de la terre, devaient ressembler à de grosses larves cryptogamiques qui, peu à peu, se sont reproduites dans des formes de plus en plus accentuées; ce n'est qu'après un temps très long sans doute que le type humain s'est présenté distinct. Mais de ce type primitif pour atteindre les formes de nos sauvages, quelque rudimentaires qu'elles soient, que de siècles il a fallu! Il en a été de même pour toutes les grandes espèces animales, soit de celles qui ont apparu pendant les premières périodes géologiques et ont disparu avec elles, soit des espèces actuelles.

Quoi! diront les timides, assigner une pareille origine à l'homme, le roi de la création!

Et pourquoi pas, s'il vous plaît? Ce qui distingue

l'homme de l'animal n'est-ce pas son Esprit, son âme, si vous voulez? Le corps de l'homme a-t-il à la mort une destinée autre que celle du corps de l'animal? Si donc l'enveloppe humaine et l'enveloppe animale sont soumises aux mêmes lois de destruction, elles ont dû avoir une formation identique dans le passé, comme elles l'ont dans le présent.

Mais, ajoute-t-on encore, comment l'homme ayant une origine embryonnaire, *et apparaissant le dernier sur la scène du monde*, peut-il arriver à avoir la suprématie sur le globe qu'il habite?

Voilà, répondrons-nous, quelles sont les prémisses de la chute originelle. Ici nous entrons dans l'ordre psychologique.

CHAPITRE II

CONSIDÉRATIONS PSYCHOLOGIQUES

Après avoir parlé des animaux et de l'homme, et montré que l'origine des uns et des autres a dû être la même, nous avons ajouté que ce qui distingue l'homme, c'est son âme, son esprit.

Est-ce à dire que les animaux en soient dépourvus? Des exemples fréquents et authentiquement constatés nous donneraient un solennel démenti si nous leur refusions, non-seulement une certaine dose d'intelligence, mais même une sorte de volonté (1). Or agir avec volonté est le propre de la réflexion; l'homme possède cette faculté à un degré éminent, c'est ce qui lui donne la direction

---

(1) Toussenel : *L'esprit des bêtes* ; Ménault : *L'intelligence des animaux;* Flammarion : *Contemplations scientifiques;* René Caillié : *Dieu et la Création*, 3ᵉ fascicule.

du globe qu'il habite, et le constitue maître absolu de ses actes?

Jusqu'à quel point l'animal ressemble-t-il à l'homme?

On a dit avec raison bien souvent qu'il ne manquait à certains animaux que la parole pour en faire des êtres raisonnables; et, à un certain point de vue, hélas! combien d'hommes paraissent indignes de ce titre! Mais de là à conclure qu'il y ait des animaux réellement plus intelligents que certains hommes, c'est prononcer un blasphème.

La nature ne peut se contredire : si l'homme est l'être intelligent par excellence, le moins avancé de l'espèce doit l'être incomparablement plus que n'importe quel animal. Pour prendre un exemple : le gorille, le chimpanzé, l'orang-outang, ces trois races de singes les plus développées, sont à une telle distance intellectuelle du Hottentot, de l'Esquimau et du Nouveau-Hollandais, qu'il n'est pas possible de les confondre. Le singe descendra bien de l'arbre sur lequel il est perché pour aller se chauffer à un foyer qu'il apercevra de loin, mais son intelligence ne va pas jusqu'à lui faire rassembler les tisons lorsque le feu s'éteint. Il réfléchit, mais en singe.

Certainement, cette comparaison, établie en face de l'homme embryonnaire, ne serait pas à l'avantage de ce dernier. Devant cet état primitif, le singe peut paraître plus intelligent que l'homme; mais l'est-il réellement? Non, car ce n'est là qu'une supériorité d'organes (1).

L'existence de l'âme ne se prouvera pas davantage, il est vrai, chez l'un que chez l'autre; à ce compte, rien ne la démontre chez l'homme civilisé.

Au point de vue matériel, l'âme est l'essence de la vie; là où l'âme n'existe plus, la vie s'éteint.

Mais au point de vue intellectuel, qu'est-ce que l'âme? C'est le principe de l'être, distinct de la matière, et qui survit au corps. Ce principe est immatériel, c'est-à-dire qu'il n'a aucune ressemblance avec ce que nous appelons matière; malgré cela, c'est plus que de la pensée, c'est, en même temps, une *force* agissante.

Tout le monde connaît le phénomène des tables tournantes et parlantes, et celui des manifestations intelligentes produites sur la matière par

---

(1) Le jeune enfant en est un autre exemple. Mis en présence du singe, celui-ci paraît certainement plus intelligent; cependant l'enfant deviendra homme, le singe restera animal.

des êtres incorporels. La science a essayé tous les moyens pour approfondir physiquement la cause de ces faits mystérieux. Toutes les théories ont été mises en avant, tous les systèmes ont été déployés ; peine inutile ! il est resté démontré que le phénomène se produisait en dehors de toute loi matérielle, *et, de plus, qu'il était intelligent.*

Les matérialistes en sont restés là ; par conséquence de principes, ils ne pouvaient faire autrement. Mais ceux qui croient à un monde spirituel ont tout naturellement supposé quelque chose d'un ordre plus élevé, se basant sur cet axiome que *tout effet intelligent doit avoir une cause intelligente.* C'est alors, et au milieu de l'incrédulité générale, que les agents mystérieux ont déclaré qu'ils étaient des Esprits. Des dialogues se sont établis avec ces êtres invisibles ; de ces dialogues est sorti un nouveau système de philosophie de la nature, le spiritisme (1).

Les manifestations des Esprits sont une démonstration irréfutable de l'existence de l'âme. Cette existence, niée dans notre siècle positif, est donc

---

(1) La base de cette philosophie nouvelle a été formulée dans un ouvrage admirable, dicté par les Esprits, et qu'Allan Kardec a rédigé sous le titre de *Livre des Esprits.*

affirmée solennellement par les faits spirites. La science en demandait une preuve : la voilà !

Le spiritisme fournit plus de garantie de l'existence des Esprits que l'astronomie n'en donne de tout ce qu'elle avance. Pourtant combien d'hommes doutent de la facilité avec laquelle les savants peuvent mesurer la distance qui sépare un astre d'un autre, la certitude qu'ils ont du volume respectif de chaque planète, de leur pesanteur, de leurs révolutions sidérales, etc. etc. A coup sûr, ces calculs paraissent étranges, mais ils n'en sont pas moins certains, et il n'appartiendrait qu'à un ignorant de les nier.

Il en est de même du spiritisme. C'est une science expérimentale à l'aide de laquelle s'expliquent bien des secrets cachés, jusqu'à ce jour, dans l'ordre moral et physique.

Par les médiums (1) qui leur servent d'intermédiaire, les Esprits nous deviennent familiers; nous avons la preuve patente de l'existence de

---

(1) On appelle médium, la personne qui possède la faculté d'entrer en rapport avec les Esprits. On distingue les médiums écrivains, les médiums parlants, les médiums voyants, les médiums auditifs, etc. Les phases dans lesquelles se produit la médiumnité, ou faculté médianimique, ont été décrites par Allan Kardec, dans le *Livre des Médiums*.

l'âme, *et de cette preuve découle, comme conséquence, celle de l'existence de Dieu* (1).

Partant maintenant du principe de l'existence de Dieu, et reconnaissant que tout ce que le Créateur a fait a sa raison d'être, il nous sera facile de savoir quel rôle la créature joue dans le domaine immense des *sensations*.

Partout où il y a sensation il y a principe de vie; plus la sensation est vive, plus le principe qui la produit est développé. Dans tous les règnes de la nature nous voyons ce principe agir avec plus ou moins de force; mais ce qui frappe, avant tout, c'est l'inégalité d'aptitude, d'instinct et d'intelligence dans le règne animal et surtout le règne humain. Or, en face de ces inégalités, on se demande, avec étonnement, quel a été le but du Créateur. Puisque Dieu est souverainement juste, il y a là un problème dont la solution importe beaucoup à l'avancement de l'humanité.

Les manifestations spirites montrent, d'une manière irrécusable, que l'âme humaine survit à la mort du corps qu'elle animait, et prouvent, en même temps, qu'en dehors du monde physique, il

---

(1) L'une ne peut aller sans l'autre.

y a le monde spirituel. C'est là une preuve que le principe qui nous fait vivre est l'être véritable, et que sans lui nous ne serions qu'une masse inerte sans mouvement.

En effet, après le départ de l'âme, le corps peut être impunément mutilé ; il ne ressentira rien, parce que l'âme est le siège de la sensation, tandis que le corps n'en est que l'instrument. Ce phénomène s'explique facilement, et trouve son analogue pendant le sommeil. Dans cet état de repos, plus l'engourdissement est profond, plus l'âme se dégage ; de manière que le corps montrera plus ou moins de sensibilité selon que l'âme en sera plus ou moins éloignée (1).

Après la mort, l'âme étant définitivement séparée du corps (2), rien ne pourra troubler l'inertie de ce dernier, ce qui prouve, d'une manière patente, que ce qui le faisait agir n'y est plus.

(1) On sait, en spiritisme, que l'âme pendant le sommeil s'échappe du corps auquel elle reste liée par un cordon fluidique, et va dans l'espace où elle jouit plus ou moins de sa liberté. Le sommeil magnétique ou somnambulique offre les mêmes résultats. Quant aux cas de léthargie, d'anesthésie ou de catalepsie, le phénomène est tout autre et relève purement du domaine pathologique.

(2) C'est la mort du corps qui cause le départ de l'âme, et qui rompt le cordon fluidique qui les unissait.

Pour le règne animal nous devons faire le même raisonnement. Qu'un chasseur frappe mortellement un oiseau ou un quadrupède ; qu'un homme soit blessé au cœur, le résultat est le même : la mort s'ensuit plus ou moins rapidement. En face de ce phénomène : la cessation de la vie, peut-on dire, en bonne logique, que chez l'homme seul il y a survivance et que chez l'animal tout s'éteint ? Rien ne nous y autorise ; au contraire, raisonnant par induction, nous sommes forcés de convenir que, d'une part comme de l'autre, il y a survivance.

Nous pourrions appliquer ce principe au règne végétal. On sait qu'il y a entre les plantes une différence très grande de sensation, et qu'on ne peut confondre dans une même insensibilité tout ce que ce règne si varié comporte. La sensitive et la dionée, par exemple, éprouvent des frémissements qui étonnent et les feraient presque prendre pour des êtres animés. Et que dire aussi des zoophytes, ces animaux-plantes, formant le trait d'union entre les deux règnes (1) !

Mais tenons-nous-en au règne animal et au rè-

---

(1) Entre tous les règnes, il y a des points de contact qui rendent la classification difficile, ce qui n'en démontre que mieux l'existence d'un principe général de spiritualité.

gne humain, et reportons-nous au principe de vie en tant que source de l'intelligence. Sous ce point de vue, il n'est pas difficile de se rendre compte de l'incroyable inégalité qui existe entre tous les êtres qui les composent.

Si cette inégalité est la base du règne animal, elle est aussi le fondement de l'humanité, et la même loi d'unité semble avoir présidé à l'arrangement de l'univers.

Cependant, Dieu étant souverainement juste, n'a pu créer des hommes *avancés* et d'autres *arriérés* (1); tous ont dû recevoir, à leur naissance, une part égale de facultés. Or, c'est précisément ce que l'on ne voit pas. Pourquoi cette distribution arbitraire?... Parlera-t-on de variété, de contraste, d'harmonie? Tout cela est bien, tant qu'il ne s'agit que du monde physique; mais si l'on envisage les facultés intellectuelles fournissant à chaque individu sa part de bonheur, cette répartition inégale serait le comble de l'injustice, si elle ne pouvait s'expliquer.

Pour échapper à cette difficulté qui entache de

---

(1) Nous parlons seulement de l'intelligence. Il est évident que Dieu n'a pas créé les êtres mauvais; ceux qui le sont devenus ne peuvent en accuser qu'eux-mêmes.

partialité la Providence divine, nous sommes forcés d'admettre, qu'avant cette existence les hommes en avaient une autre. L'âme, avant de s'unir à un corps, existait à l'état d'Esprit et faisait partie du monde spirituel. L'inégalité des intelligences ne pouvant s'expliquer que par la préexistence, celle-ci devient le gage de l'immortalité, tout en faisant envisager, sous un nouveau jour, les règnes inférieurs de la création (1).

L'homme est donc un Esprit incarné; *il est complet spirituellement parlant.* L'Esprit humain est synthétique, c'est-à-dire possède la plénitude de l'être, et c'est ce qui le distingue de l'animal, qui n'est qu'un principe animique en voie de formation plus ou moins avancée, et qui, à la mort, retourne au « tout universel », dans des conditions de plus en plus distinctes, pour revenir animer de nouveaux corps, et dans de nouvelles phases d'existence, jusqu'à ce qu'il arrive à la période de transformation qui lui donne la conscience de lui-même.

Cette théorie de la philosophie spirite découle comme conséquence de la loi du progrès. Si la chi-

---

(1) Voyez Jean Reynaud : *Terre et Ciel.*

mie part de ce principe inattaquable que rien ne se perd, mais que tout se transforme dans le domaine de la matière, la psychologie s'appuie sur cet autre principe, non moins solide, que *rien ne s'éteint dans le monde de l'intelligence.*

Mais, diront les panthéistes, qui prouve que l'Esprit de l'homme n'est pas entraîné dans le tout universel par la même loi qui régit le monde animal?

Ce qui le prouve surabondamment, c'est que l'âme humaine forme une individualité puissante *dont la conscience du moi fait la force.* La joie, la tristesse, le plaisir, la douleur, le bonheur, le malheur, le bien, le mal, en un mot toutes les sensations possibles sont analysées par l'homme, il possède un tel sentiment de sa personnalité, que, pendant sa vie entière, il ne s'attribuera jamais les vertus ou les vices de ses semblables, comme il ne souffrira pas qu'on mette sur son compte ce qu'il sait n'être pas éclos de sa conception. Tout sera raisonné, pesé, jugé, avec plus ou moins de justesse, il est vrai, mais quelle que soit son intelligence ou son développement moral, *ses appréciations auront toujours sa propre individualité pour point de départ.*

Le *moi*, voilà l'Esprit humain à quelque degré de l'échelle qu'on le prenne. Eh bien! ce *moi* ne peut disparaître à la mort, parce qu'il est le complément, *l'attribut suprême de l'Être*. Puisque rien ne s'éteint dans le monde de l'intelligence, cet attribut principal, ce *moi*, doit subsister intact après la mort, *dès qu'on le possède pendant la vie*.

Il en est ainsi dans le règne animal. A mesure que le principe animique se complète par l'agrégation, il devient de plus en plus distinct; c'est un acheminement vers l'individualisation qu'il ne possède pas encore; jusque-là il va toujours en se développant. Le tout universel auquel il appartient n'est pas un tout uniforme, comme l'admettent les panthéistes, puisqu'il produit des êtres si différents les uns des autres. Quelle distance, en effet, sépare le chat du chien, le bœuf du cheval, le castor du singe! Que serait-ce, si nous comparions le singe à l'homme! Dans quel sens, de quelle façon faudrait-il s'expliquer ce tout universel duquel se détacheraient incessamment des intelligences si variées!

Quelques panthéistes, sentant cette difficulté, veulent qu'on admette une gradation de milieux dans le tout universel; ils supposent que l'homme, par exemple, retourne à une couche supérieure d'où il serait sorti. Cette supposition, toute gratuite, est une énorme inconséquence. De deux choses l'une : ou l'individualité parvient à surnager avec le temps, ou elle s'anéantit chaque fois dans le rayon où elle retourne. Si elle surnage, le panthéisme est faux ; si elle rentre dans le néant, on se demande comment la couche supérieure d'où elle émane a pu se former. Si ce rayon en est arrivé là par une marche progressive, pourquoi ce progrès ne finirait-il pas par donner à chaque être le complément suprême du moi !

Soyons logiques. Le panthéisme suppose nécessairement un tout universel uniforme ; alors il est absurde en face de la diversité des intelligences. Avec un tout gradué, il se condamne lui-même ; l'agrégation s'arrêtant à l'homme, cette gradation de milieux implique forcément un progrès qui, tôt ou tard, fera surnager l'individualité : c'est ce qu'enseigne le spiritisme.

Le panthéisme est la doctrine la plus inconciliable avec la raison ; il est plus absurde que le matérialisme qui, au moins, prend sa source dans la négation du monde invisible. Quoi qu'il en soit, l'un et l'autre sont condamnés par les faits spirites.

Reconnaissons-le donc, l'univers est composé

de deux éléments primordiaux : l'*esprit* et la *matière*. A l'esprit appartient le sceptre de la direction ; c'est grâce à lui que la matière s'anime et se transforme ; sans lui tout serait chaos. Les règnes minéral, végétal et animal n'existent que par lui ; c'est lui qui les soutient et c'est par eux qu'il s'individualise, après avoir passé par d'innombrables transformations dans ces vastes laboratoires de la nature.

Tuez un homme ou un animal, le corps pourrit et se dissout ; coupez une plante ou une fleur, elles se dessèchent et disparaissent ; enlevez la pierre ou le minerai de la carrière où ils ont germé, et peu à peu, le temps aidant, ils tomberont en poudre. Mais l'essence spirituelle, se dégageant chaque fois par une force magnétique qu'elle possède en propre, renaît toujours dans de nouvelles conditions de développement d'après les lois universelles d'agrégation que Dieu a établies de toute éternité. Après avoir soutenu le minéral, elle anime le végétal, constitue l'animal, *puis devient Esprit, à la suite d'une dernière et suprême transformation* (1).

Nous disons *Esprit*, et non *homme* : l'homme est la conséquence de la chute de l'Esprit.

(1) C'est la transcréation de Leibnitz.

A ce mot de *chute,* la pensée se reporte immédiatement à cette scène biblique représentant Adam et Ève dans le « paradis terrestre » où ils avaient été placés, et où ils désobéirent à leur Créateur.

Dieu les avait créés immortels, mais leur prévarication leur ayant fait perdre ce privilège, ils furent condamnés à la *mort,* et chassés du paradis où ils auraient pu vivre éternellement sans leur désobéissance.

Si la Bible fait suivre le récit de la création de la scène de la chute, c'est pour montrer que *l'homme,* que Dieu venait de créer *mâle et femelle,* devait être animé par les Esprits qui pourraient déchoir de l'état de bonheur où il les avait placés.

En effet, si l'on transporte le paradis sur la terre, comment admettre l'immortalité d'Adam et d'Ève, immortalité qui est l'apanage de l'Esprit et non du corps, et en quoi leur prévarication, qui leur était personnelle, pouvait-elle atteindre leurs descendants ?

Interprétons cette scène au point de vue spirituel, et nous aurons une idée exacte de ce qui se passe de toute éternité au début de la vie des Esprits.

Ils sont créés immortels, libres dans l'immensité des mondes fluidiques où ils doivent progresser en *science* et en *amour* en se soumettant aux ordres du Souverain des Cieux. Maîtres de leur destinée, ils peuvent choisir entre « l'arbre de vie » et « l'arbre de science du bien et du mal », c'est-à-dire, entre la vie céleste et la vie matérielle. Ils sont immortels s'ils persévèrent dans la première, sinon ils sont condamnés à la mort spirituelle, l'incarnation matérielle, s'ils faillissent aux épreuves qui leur sont imposées et *qui doivent décider de leur valeur spirituelle*.

L'incarnation humaine devient ainsi une punition, tout en servant au progrès de l'Esprit déchu.

A la mort du corps, l'Esprit redevient libre, suivant l'usage qu'il a fait de ses facultés dans ses nouvelles épreuves. S'il a abusé, une expiation plus ou moins douloureuse lui est infligée, après quoi il se réincarne jusqu'à ce que, comprenant le néant des jouissances matérielles, inclinant son orgueil sous la puissance qui gouverne l'univers, pratiquant la loi d'amour universel, il puisse enfin rentrer dans sa patrie (1).

(1) Tout est symbolique dans la scène biblique du paradis perdu. Le *sommeil* d'Adam représente l'état dans lequel les Es-

Telle est, dans sa simplicité, la théorie du progrès de l'Esprit.

Les penseurs réincarnationnistes qui n'admettent pas la chute prennent le principe animique qui doit plus tard constituer l'homme, et le font arriver, en partant des degrés infimes de l'animalité, jusqu'à la perfection la plus idéale, par un progrès continu, soit dans l'ordre moral, soit dans l'ordre physique. L'homme, à ce compte, ne serait qu'un animal supérieur qui a atteint son développement sans autre transformation que celle qu'il opère lui-même par son intelligence, à l'aide d'innombrables réincarnations (1).

prits sont plongés par l'incarnation fluidique où ils doivent subir la première épreuve du libre arbitre dans le sexe masculin, et qui s'offre à eux sous les traits d'Ève représentant les Esprits devant subir cette épreuve dans le sexe féminin que Dieu tire mystiquement de l'autre sexe pour montrer *l'attraction qui les entraîne mutuellement.* — S'ils succombent à cette tentation mélangée d'orgueil et d'envie, au lieu de *devenir des dieux*, ils sont destinés aux mondes matériels où l'attraction à laquelle ils n'ont pu résister trouve son application, *puisque telle est la loi de ces mondes.*

Les chérubins armés placés à la porte du Jardin de délices symbolisent la lutte qu'engagent, quelquefois, les Esprits révoltés contre les puissances célestes, et qui, finalement, les conduit à une incarnation plus ou moins douloureuse dans un monde plus ou moins matériel, *d'où ils ne sortiront que réhabilités.* (Genèse, ch. 3. v. 24; Apocalypse, ch. 12, v. 7; Mathieu, ch. 5, v. 26; Luc, ch. 12, v. 59).

(1) Voyez Pezzani : *Pluralité des existences de l'âme.*

Cette théorie paraît assez naturelle au premier abord; mais, pour peu qu'on réfléchisse sérieusement, on s'aperçoit bien vite qu'elle pèche radicalement par la base.

Si l'on s'est bien rendu compte de ce que nous avons exposé précédemment, on a vu que le type humain, à son début, a dû prendre naissance dans le sein de la terre, qui, à l'origine formait, dans certains centres, d'immenses *matrices* d'où sont éclos tous les germes des différentes espèces.

La science ne peut plus accepter maintenant les créations « miraculeuses » telles que serait, par exemple, celle du premier homme, sortant tout d'une pièce des mains du Créateur. Nous l'avons dit, rien ne se contredit dans la nature : les hommes, aujourd'hui, ne naissant pas autrement que les animaux, les uns et les autres ont dû avoir la même origine, tous ont dû commencer par la période embryonnaire terrestre (1).

Ceci admis, deux théories se trouvent en présence : un seul couple, à l'origine, contenant en germe tous les êtres, hommes et animaux; ou bien

---

(1) Les vivipares ont surgi avec la vie, les ovipares ont commencé par l'œuf: mais le *principe* des uns et des autres est dans les secrets de Dieu.

naissances simultanées, et à différentes époques, des espèces animales, d'abord, *puis de l'espèce humaine.* Selon le premier cas, l'homme serait le descendant d'une race de singes ; selon le deuxième, il formerait espèce distincte, *dès le début,* comme toutes les autres.

Nous avons vu que cette dernière théorie est la seule acceptable : 1° parce que l'homme n'a pas produit une nouvelle espèce d'êtres ; 2° qu'en admettant la naissance d'un couple sur un point du globe, rien ne s'oppose à ce que d'autres couples aient pu se former sur d'autres points ; 3° enfin, que les accouplements contre nature, si difficiles à obtenir, d'ailleurs, n'engendrent que des êtres stériles.

Reste à savoir maintenant si l'espèce humaine a pris naissance d'un seul couple humain ou de plusieurs. Nous l'avons dit, les différentes races se chargent de la réponse ; tout indique qu'une même souche et une même date ne peuvent être assignées aux races noire, blanche, jaune et rouge (1).

(1) Voir la note page 8. — L'opinion qui tendrait à rattacher toutes les races à une souche primitive asiatique — les Aryas — parce que toutes les langues mères ont leurs racines dans le

Jetons ensuite un coup d'œil rapide sur les diverses métamorphoses du globe, et nous aurons un tableau exact de la création.

Les différentes couches géologiques renferment dans leur sein l'ordre hiérarchique des différents règnes de la nature. Elles démontrent d'une manière patente que le règne minéral a apparu le premier, puis le règne végétal, ensuite le règne animal, et enfin le règne humain.

La géologie démontre en plus que les six *jours* bibliques sont autant de périodes d'une durée incalculable, pendant lesquelles se sont élaborées les différentes productions du globe.

La géologie démontre encore que de nombreux cataclysmes ont englouti des productions entières, lesquelles ont été remplacées par d'autres, dont l'apparition a eu lieu par la même voie que celles qui les avaient précédées.

La géologie démontre, enfin, que le déluge mo-

---

sanscrit, ne peut infirmer cette théorie. De ce que l'immigration asiatique a été constatée sur les deux continents, il ne s'ensuit pas nécessairement que l'humanité n'ait commencé qu'en Asie; et si les progrès de la linguistique parviennent à établir, d'une manière certaine, que la race indo-européenne est réellement d'origine aryenne, il faudra en conclure que les peuples primitifs du continent européen ont été absorbés par l'immigration asiatique, absolument comme les peuplades améri-

saïque n'a été qu'un grand cataclysme asiatique partiel, produit par le soulèvement du Caucase, et postérieur, de beaucoup, au grand déluge universel avec lequel on a eu le tort de le confondre (1). C'est à la suite du grand déluge géologique qu'ont pris naissance, successivement, toutes les espèces végétales et animales actuelles.

Ce que la géologie a constaté surtout, c'est l'apparition, *en dernier lieu*, de l'espèce humaine (2).

Nous posons maintenant cette double question : L'Esprit de l'homme est-il la synthèse des règnes inférieurs ? ou bien est-il une création spéciale ?

Si l'Esprit de l'homme est une création spéciale, apparaissant le dernier sur la scène du monde, il devrait être, en intelligence, au-dessous des êtres qui l'ont précédé, à moins d'admettre pour lui une création spéciale *supérieure*, ce qui nous fait retomber dans le système des privi-

caines ont été absorbées, plus tard, par les peuples d'Europe, et où ils y ont implanté leurs langues et leurs traditions.

(1) Du texte même de la Bible il ressort que le déluge mosaïque n'a pas été universel. (Voyez *Genèse*, ch. ix, v. 10), et que la terre était déjà habitée lorsque parut Adam, qu'on appelle à tort le premier homme, puisque la famille de Caïn n'en sort pas. (ch. iv, v. 12-24.)

(2) Cet ordre a été suivi par Moïse dans la *Genèse*.

lèges que la théorie de la préexistence a pour but de combattre; de plus, si cela était, le principe intelligent des animaux serait sans issue, ce qui, nous l'avons vu, est contraire à la loi du progrès.

Pourtant l'homme apparaît longtemps après les autres espèces, et il leur est supérieur depuis longtemps et de beaucoup. Pour résoudre ce problème, on est forcé d'admettre que l'Esprit humain est la synthèse des règnes inférieurs. Rien ne saurait prévaloir contre cette assertion, pas même la supériorité des organes de l'homme qu'on invoquerait ici bien à tort, car il est démontré en phrénologie que ce ne sont pas les organes qui donnent les facultés (1).

Ceci admis, nous demandons à tous ceux qui

---

(1) Avec Gall, Spurzheim et Lavater, la phrénologie et la physiognomonie ont pris rang parmi les sciences usuelles. De matérialiste qu'elle était, la phrénologie, grâce au spiritisme, devient une source de lumière pour qui sait lire. Il est admis aujourd'hui que les lobes du cerveau ou les traits du visage qui autrefois étaient considérés comme *la cause* de nos facultés, vices ou vertus, — ce qui ferait de l'homme le jouet de la matière — ne sont autre chose que *l'effet* produit par les tendances de l'Esprit qui, en s'incarnant, imprime le moule de ses facultés sur la matière par laquelle il se manifeste. La science phrénologique est une preuve de plus en faveur de la préexistence de l'âme.

veulent le progrès continu, depuis l'animalité jusqu'à l'homme, tant au physique qu'au moral, s'ils s'aperçoivent de l'inconséquence de leur système?

Que le principe animique, à la suite de réincarnations animales de plus en plus développées, passe dans le corps d'un Hottentôt ou d'un Esquimau, cela paraît assez en concordance avec le système du progrès continu; mais où est l'inconséquence, c'est d'oublier que la race de ces sauvages n'a pas poussé tout d'une pièce, juste à ce moment, et que, pour en arriver au point actuel, il lui a fallu nécessairement être animée par un principe intelligent depuis la période rudimentaire, *principe qui n'a pu être qu'un Esprit humain.*

Donc, l'Esprit, au lieu de marcher de progrès en progrès dans des corps de mieux en mieux organisés, a dû subir, en entrant dans l'espèce humaine, une chute physique contraire à la loi du progrès continu, *contraire à la concurrence vitale de Darwin.* Si l'on suppose, maintenant, le temps incalculable qu'il a fallu à l'espèce humaine pour passer de l'état embryonnaire et rudimentaire à celui de nos sauvages actuels seulement, il est facile de concevoir que, pour les Esprits qui y ont été incarnés successivement, *ç'a dû être une mort* (1) !

Vous triomphez, diront nos adversaires, parce que vous prenez, pour point de départ l'homme à son état embryonnaire ; mais comme vous n'avez pas de preuves physiologiques d'une telle origine, nous sommes en droit de vous opposer le système de la transformation des espèces qui, vous devez en convenir, supprime la théorie de la chute.

A votre aise, répondrons-nous. Votre système, *quoique condamné par les faits*, pourrait, peut-être, se soutenir au point de vue matérialiste, mais non spiritualiste. Vous admettez que l'homme, rejeton d'une race de singes, est le dernier échelon de l'animalité ; que s'il n'a pas produit une nouvelle espèce d'êtres, c'est qu'il a absorbé en lui la sève génératrice terrestre, semblable, en cela, à notre globe, qui, selon la théorie de la pluralité des germes, n'est plus dans la période d'incubation.

A la rigueur, nous vous concédons tout cela. Mais veuillez nous dire pourquoi cette transfor-

---

(1) L'Esprit qui a atteint le *summum* de l'animalité ferait, en entrant dans l'humanité embryonnaire, une chute plus profonde que l'homme civilisé qui reculerait jusqu'à la sauvagerie.

mation des espèces s'est opérée dans le sens de leur désarmement? car, il faut le reconnaître, les espèces supérieures, singes et hommes, par exemple, sont dans l'impossibilité de se défendre contre des adversaires aussi redoutables que les lions, les aigles ou les tigres.

Vous répondez qu'à mesure que l'intelligence se développe, les moyens matériels de défense diminuent. Très-bien. Vous êtes alors spiritualistes, sans quoi vous manqueriez de logique, puisque vous admettez le développement progressif de l'intelligence.

Pour établir physiquement la chute des Esprits, nous nous appuyons sur la multiplicité des germes primitifs *des différentes espèces*, venues chacune en son temps et dont la dernière est l'homme; pour nier cette chute, vous n'avez qu'un moyen, c'est de vous cramponner à la théorie de la transformation partant d'une souche unique. Eh bien, votre système qui, au point de vue spiritualiste, semble fondé sur la réincarnation, lui est diamétralement opposé.

Nous demandons si le principe spirituel qui a animé le premier germe s'est fractionné pour en animer la première transformation? Vous répondez non, et vous avez raison, car ce serait dire que ce principe primordial contenait en lui toute la série des Esprits futurs. Si donc ce principe primitif est resté intact, Dieu a dû créer successivement des principes animiques de plus en plus perfectionnés, pour répondre aux transformations de plus en plus développées de la matière. De proche en proche, nous arriverions ainsi à l'homme qui aurait reçu de Dieu une âme plus ou moins intelligente suivant les milieux. Les inégalités intellectuelles ne s'expliqueraient plus alors par la préexistence, mais seraient le fait d'une volonté créatrice arbitraire. Dieu serait injuste, puisque les derniers venus seraient toujours les mieux partagés.

Convenez-en donc : la théorie de la transformation des espèces détruit la réincarnation sur laquelle elle semble s'appuyer; par conséquent, elle est fausse au point de vue psychologique, puisque l'âme ne peut arriver à l'individualité que par cette voie.

Quelques physiologistes admettent la transfortion des espèces dans un autre sens. Ils font remonter les différentes espèces actuelles à une multitude de germes primitifs identiques. Pour eux, la transformation s'est opérée, dès le principe, selon les temps et les lieux, et dans des circonstances telles, que le caractère imprimé à chaque espèce vient des milieux où elles se sont formées, mais non des souches multiples qui, à l'origine, devaient être identiques.

Cette variante de la théorie darwinienne n'aboutit pas à de meilleures conséquences. Examinons-la un instant.

Disons d'abord que du moment où l'on admet la pluralité des germes primitifs, rien n'empêche, qu'à leur origine même, ne doive pas remonter la diversité radicale des espèces. Ensuite, comme les transformations sont de beaucoup plus nombreuses que la totalité des *embryrons-souches*, c'est admettre, sur une plus vaste échelle, la théorie des créations spirituelles adaptées spécialement à chaque transformation, théorie que nous venons de combattre comme détruisant la préexistence (1).

Mais supposons la transformation dans ces conditions, l'homme est toujours ainsi le produit

(1) Il est à remarquer que la distinction que nous cherchons à établir ici, est surtout en faveur de l'espèce humaine; car la transformation qui a produit les races animales n'a rien à voir dans la question; du moment que le principe spirituel qui les anime n'est pas encore individualisé.

d'une espèce quelconque. D'où vient l'âme humaine dans cette hypothèse? A-t-elle animé *individuellement*, à une époque antérieure, les êtres inférieurs de la création? Comme avec la transformation successive il n'y a pas de ligne de démarcation nettement tranchée entre les espèces, *qui peut dire où commence l'humanité*? Nos sauvages, par exemple, sont-ils des hommes ou des animaux? Dans quelle espèce faut-il chercher le point de départ de la fraternité humaine? Et en cas de rétrogadation morale, jusqu'où peut reculer physiquement l'être coupable (1)?

Il y a encore une autre version, toute psychologique, qui consiste à dire que l'espèce humaine, en admettant son origine embryonnaire, et jusqu'à ce qu'elle soit assez développée pour recevoir les âmes qui ont atteint le *summum* de l'animalité, est animée par un principe intelligent appartenant encore au tout universel, ainsi que cela a lieu pour les espèces animales.

Cette opinion ne vaut pas mieux que la précédente, en ce sens qu'elle laisse dans l'ombre le point de départ de l'âme individuelle. C'est toujours la même question. Les sauvages font-ils par-

---

(1) C'est la porte ouverte à la métempsycose animale, qui devient possible alors, quoi qu'on en dise.

tie de l'humanité, ou sont-ils encore destinés au tout universel? Dans quelle catégorie d'êtres faut-il chercher les limites de l'agrégation?

On a beau faire et beau dire, pour échapper au panthéisme et à la métempsycose animale, *on est forcé de toujours donner l'homme comme souche à l'homme*, et cela jusqu'à l'origine de l'espèce qui, comme toutes les autres, a eu sa période embryonnaire.

Quant à l'esprit qui l'anime, il est la synthèse des règnes inférieurs; c'est ce qui fait la supériorité de l'homme, *quoique venu le dernier*. De tout temps l'esprit humain a eu le complément de l'être, le *moi* individuel; et si nous descendons jusqu'au bas de l'échelle, nous devons convenir, pour être logiques, que, même dans les incarnations primitives, on doit y retrouver un esprit individualisé, *quelque primitive qu'en soit l'enveloppe*.

Affirmons-le donc sans crainte, une semblable rétrogradation, si contraire à la loi générale du progrès, ne peut exister sans cause, et reconnaissons qu'elle ne peut trouver sa raison d'être *que par suite d'une déchéance spirituelle*.

Plus les actes sont coupables de la part des Esprits, plus l'incarnation est matérielle, plus les désirs sont grossiers, plus l'incarnation est primitive. Dieu assigne à chacun sa place selon sa valeur, *car tous ont un rôle utile*, soit dans la spiritualité pure, soit dans la matérialité grossière.

La terre ne se trouve plus dans les conditions d'incarnations primitives; *elle l'a été en son temps*. Mais dans l'immensité des espaces, d'autres mondes la remplacent, comme d'autres l'ont précédée. Ces mondes, à leur tour, progresseront, seront remplacés par d'autres, et ainsi pendant l'éternité, car la création est éternelle comme son Auteur.

Entrons maintenant dans les considérations qui prouvent moralement la chute, et nous verrons que l'homme est bien un être exilé, un ange déchu (1), et non un animal supérieur.

(1) Le mot ange est pris ici au figuré; il signifie Esprit céleste. — La doctrine des Anges déchus, telle qu'elle est comprise vulgairement, implique la déchéance d'Esprits *créés parfaits*, et qui, s'étant révoltés contre Dieu, furent chassés du Ciel, et précipités en enfer pour y rester *éternellement mauvais*. — C'est cette doctrine erronée que le spiritisme vient rectifier en nous montrant l'Esprit, créé non parfait, mais perfectible, et pouvant se réhabiliter par l'incarnation et la réincarnation, *s'il vient à déchoir de sa nature céleste*. — Origène a entrevu cette vérité, mais il l'a défigurée, soit en plaçant la création de tous les Esprits au début de l'action divine, *tandis que cette création est éternelle et permanente;* soit en leur attribuant, à l'origine, la perfection angélique, tandis que cette perfection *n'est que le résultat de leur ascension progressive*.

CHAPITRE III

CONSIDÉRATIONS MORALES

Pour savoir si les Esprits peuvent faillir et déchoir, nous n'avons qu'à reporter nos regards autour de nous. De quoi se compose l'humanité terrestre? Sans nous arrêter à la surface qui, quelquefois, sous des dehors brillants, cache les vices les plus honteux et les actions les plus condamnables, que dire de ces êtres dépravés, criminels et sanguinaires dont l'histoire, même contemporaine, nous offre l'exemple?

Nous répondra-t-on que les Esprits sont plus ou moins bons suivant le progrès qu'ils ont accompli, et que ceux qui nous paraissent si mauvais ne sont que des êtres au début de la vie spirituelle? Ce serait le comble de l'absurde, car il faudrait alors supposer que Dieu a commencé par créer le mal!

« Les partisans du progrès continu, dit excellemment M. Jules Simon, sont forcés pour expliquer le mal, d'admettre que Dieu a commencé par créer un monde tellement mauvais qu'il n'en pouvait concevoir de pire (1). »

Eh quoi! l'âme, au début, aurait été stigmatisée de tous les vices, de toutes les infamies imaginables quand la Bible affirme que Dieu l'a créée à sa ressemblance, *c'est-à-dire sans tache!*

Et d'abord l'âme humaine vient-elle de l'animalité sauvage ou de l'animalité domestique?

Si l'âme vient de l'animalité sauvage, elle a tous les instincts, tous les appétits grossiers de la brute; dans ce cas, l'homme primitif subit la loi inflexible du mal dont il tire son origine, et à laquelle il ne peut se soustraire.

Si l'âme vient de l'animalité domestique, comment se fait-il que les instincts doux et sociables dont elle paraissait animée puissent se transformer en vices hideux, au point de faire de l'homme primitif un être féroce et cruel?

---

(1) Jules Simon : *La religion naturelle*, page 174.

Lequel des deux, l'animal domestique ou l'animal sauvage, est en progrès sur l'autre?

Si vous admettez la supériorité du sauvage, l'animal domestique a rétrogradé en devenant féroce; si vous admettez la supériorité de l'animal domestique, comment se fait-il que l'homme primitif qui en serait formé soit cruel?

Pour échapper à ce dilemme, on est forcé d'en arriver à l'agrégation des principes animiques entre eux, et qui, par la transformation suprême forment l'Esprit conscient (1). L'âme n'a plus alors ni vices ni vertus; c'est un être nouveau ayant oublié son passé; il est innocent et ignorant, et n'a qu'à évoluer en bien ou en mal selon ses goûts et son libre arbitre.

Mais le libre arbitre ne se développe que progressivement, l'Esprit n'en est pas investi subitement à son début. Et c'est pendant ce temps d'enfance spirituelle que Dieu l'incarnerait dans les ténèbres des mondes inférieurs? c'est à ce moment qu'il le placerait à l'école du vice pour lui apprendre la pratique de la vertu?

Non, Dieu le place dans la lumière, au milieu

---

(1) C'est l'agrégation qui équilibre les forces diverses que développe successivement le règne animal.

de guides dévoués et bienveillants, qui ont pour mission de le mettre en garde contre tout ce qui peut le faire déchoir de sa nature angélique et l'empêcherait d'acquérir la science divine pour laquelle il est créé.

Ce n'est que lorsque le libre arbitre a atteint tout son développement, que l'Esprit est livré à lui-même; alors, en vertu de sa liberté, il peut devenir *ange* ou *démon* selon qu'il persévère dans les voies lumineuses, ou qu'il se précipite dans les régions de ténèbres.

Les philosophes qui n'admettent pas la chute n'admettent pas non plus la rétrogradation; pour eux, l'âme a deux états : elle reste stationnaire ou elle avance, mais elle ne recule pas. Ceci est peut-être juste au point de vue intellectuel. Mais au point de vue moral, cela explique-t-il les vices de l'humanité? Comment concilier le mal avec la Providence? Puisque Dieu n'a pas créé le mal, comment peut-il exister?

Problème insondable sans la chute !

On allèguera que les relations sociales, les abus de la vie, les excès inhérents à l'incarnation sont la cause de bien des défaillances.

Eh ! qui le conteste ? Mais la source de tous ces

maux, de toutes ces défaillances, de toutes ces turpitudes, n'est-elle pas dans l'esprit même de l'homme? Nous laissons de côté les vices inhérents à la matière, tels que la gourmandise, la paresse, la luxure, l'avarice, etc. ; mais l'orgueil, l'égoïsme, la jalousie, l'envie, la haine, la dissimulation ; l'esprit de révolte, de domination, de vengeance, de colère, de cruauté même, tout cela ne provient-il pas directement de l'Esprit? Et s'il apporte tous ces vices en s'incarnant, où les a-t-il pris? Dans des existences antérieures, direz-vous? Mais c'est reculer le problème au lieu de le résoudre !

L'Esprit est donc faillible sur la terre et hors de la terre ; portant en lui-même la cause de son progrès ou de sa chute, incarné ou non, son évolution sera toujours le fait de sa liberté. Certes, l'incarnation lui apporte son contingent de misères ; mais tout ce que la matière pourra offrir d'attrayant ou de séducteur ne sera-t-il pas impitoyablement repoussé par un Esprit vertueux? Et n'est-ce pas ce que l'on peut constater dans ces hommes extraordinaires que Dieu envoie de temps en temps à la terre pour la faire progresser et rallumer les divines espérances?

Il y a une distinction fondamentale entre le bien

et le mal; ces deux états dépendent de notre libre arbitre (1). Le bien, c'est tout ce qui grandit l'esprit et le rapproche du Créateur; le mal, c'est tout ce qui le dégrade et l'en éloigne. Le bien, ce sont toutes les vertus qui nous élèvent au-dessus de nous-mêmes; le mal, ce sont tous les vices qui nous rabaissent au niveau de la brute. En un mot, le bien, c'est le dévouement, l'amour; le mal, c'est l'égoïsme, la haine!

C'est donc en vertu de notre libre arbitre que nous pouvons avancer ou reculer, progresser ou faillir. Dieu ne pouvait pas nous priver de la liberté sans nous condamner à l'impuissance; et comme la création est éternelle comme Dieu, de toute éternité la liberté a existé, et, par conséquent, de toute éternité aussi les Esprits ont pu faillir. Création par voie d'amour, liberté de la créature, progrès sans limites, telle est, de toute éternité, la triple base de l'Œuvre divine.

Les philosophes qui se font les champions de la réincarnation obligatoire, soutiennent que l'âme humaine ne peut progresser que liée à un organisme qui l'astreigne au travail, en lui créant

---

(1) La conscience est le témoin de la liberté, et la vertu en est l'évidence (Lamartine : *La chute d'un ange*. Introduction.)

des besoins. Pour eux, le progrès véritable n'existe que pendant l'incarnation; le temps que les Esprits passent entre leurs existences corporelles est un temps de repos et de préparation à une nouvelle étape. Le Ciel est partout et n'est nulle part, car l'homme est citoyen du Ciel, quel que soit le globe qu'il habite (1).

Mais avec le spiritisme, l'univers change totalement d'aspect, car le Ciel, ce sont les mondes éthérés où l'Esprit, libre de tout lien matériel, peut grandir éternellement en parcourant l'infini; tandis que les mondes matériels ne sont que des stations plus ou moins pénibles pour les Esprits qui y sont incarnés par *déchéance* ou par *punition*.

L'incarnation est certainement un moyen de progrès pour l'Esprit; mais, ce serait prendre la question à rebours, si l'on supposait qu'il ne peut progresser que dans cet état; autant dire qu'on peut ne devenir vertueux qu'au bagne ou s'instruire qu'en prison!

Si l'on songe à la quantité énorme d'enfants qui meurent en bas âge, celle, plus grande encore, de jeunes gens des deux sexes qui quittent la terre,

---

(1) Flammarion : *Pluralité des mondes habités*, ch. 5.

avant d'avoir pu achever ou seulement commencer leurs études élémentaires; si l'on ajoute à cela la brièveté de la vie qui, en moyenne, ne dépasse pas quarante ans et dont la moitié, au moins, se passe en repos et en indifférence intellectuelle ou morale; si l'on songe encore que cette comédie humaine peut se renouveler souvent dans les mêmes conditions pour le même Esprit, il sera facile de se rendre un compte exact de la valeur de l'incarnation.

Nous parlons des temps actuels; que serait-ce si nous examinions le moyen âge et l'antiquité où l'humanité, plongée dans les abîmes de l'ignorance, ne vivait que de guerres, de pillage, de massacres; où la famine, la peste, les maladies et les cataclysmes étaient en permanence (1); où l'esclavage, la servitude, la misère étaient le lot du peuple; où les tortures et les supplices faisaient la loi, et où les quelques génies que Dieu envoyait dans cet effroyable *enfer* étaient honnis, persécutés et immolés à la fureur de l'orgueil, de la haine ou de la vengeance (2)!

(1) Les catastrophes récentes d'Ischia et de Batavia montrent que cet état de choses n'est pas prêt de finir.
(2) La moitié de l'humanité actuelle vit encore de cette vie

Que serait-ce, enfin, si nous prenions l'humanité préhistorique, où la sauvagerie la plus horrible faisait, et fait encore de l'homme une bête féroce par les besoins qu'elle lui crée. — Ce simple aperçu nous montre ce que valent les mondes matériels, et combien le progrès y est difficile et la souffrance immense!

Pour arriver au bonheur, objecte-t-on, il faut passer par la souffrance.

Comment! Dieu, la bonté même, Dieu, dont le nom seul commande l'amour, Dieu, enfin, dont la puissance est infinie, n'a pu se dispenser de nous faire souffrir?... Reconquérir le bonheur par la douleur, l'épreuve, cela se conçoit; mais faire de la souffrance une nécessité, quand tout en nous aspire au bonheur, ce serait mettre en doute la sagesse de Dieu et nier sa bonté!

Non, non, il ne peut en être ainsi. Le spiritisme nous apprend que si nos aspirations ne peuvent être satisfaites ici-bas, c'est que notre âme, essence immatérielle, réclame le milieu pour lequel elle a été créée; ce milieu, c'est l'infini, *c'est la liberté céleste.*

insensée; quant à la partie civilisée, elle ne mérite pas toujours ce nom.

Oui, l'incarnation humaine est un sépulcre pour l'âme ; c'est la prison, *la mort spirituelle.* De quelque côté que l'on dirige ses pas, on entend comme une immense clameur s'élever du sein de l'humanité souffrante. La mort corporelle qui nous effraye en même temps qu'elle nous attire nous paraît un bien, car il y a au fond de notre cœur quelque chose qui semble dire que là finit la douleur.

Cependant, si pour perspective nous avons toujours de nouvelles étapes à parcourir, c'est un éternel voyage vers un but qui n'existe pas. Condamnés à poursuivre un idéal qui fuit toujours, enchaînés dans le cercle des réincarnations perpétuelles, dominés par la matière si puissante, d'ailleurs, quel sera notre élan vers le bien ? La vie spirituelle, c'est-à-dire *le terme où doit aboutir l'Esprit,* devient une abstraction ; au lieu d'être un stimulant, la liberté fait place à un destin fatal, le bien et le mal se confondent, la vertu devient une affaire de temps, et la responsabilité s'efface (1).

(1) Ce système où l'on prétend expliquer le monde et l'homme en se passant de Dieu et de la Providence, remplace l'immortalité de l'âme par l'immortalité des œuvres, et détrône Dieu pour lui substituer l'homme, tout en le confondant avec la nature au milieu de laquelle il vit (Barthélemy Saint-Hilaire : *Le Bouddha et sa religion.)*

Voilà quelles sont les tristes conséquences du système qui prétend faire de l'homme un animal supérieur! Niant la distinction essentielle du bien et du mal, puisque le mal est dans l'ordre des choses créées, on se demande où finit l'un et où commence l'autre. Comment, dès lors, admettre des peines futures?... Qu'est-ce que Dieu aura à punir? — Mais il punira cet homicide, cet orgueilleux, cet égoïste, ce libertin, etc.? — De quel droit, répondra l'accusé? Tout cela est mal par rapport à des intelligences supérieures que j'égalerai plus tard; mais, pour le moment, je suis dans mon rôle, puisque telle est ma nature (1).

Ce raisonnement, que personne ne tiendra dans son for intérieur, est pourtant plein de logique; mais il s'évanouit devant la voix de notre conscience qui nous crie notre devoir, et qui nous montre où est le bien, où est le mal.

Mais, dira-t-on, Dieu nous a donné la liberté, et, malgré cette liberté, nous sommes punis si nous optons pour le mal? — Ah! c'est que notre conscience est elle-même notre juge. Les aspirations de notre âme, qui ne sont autre chose que l'*écho*

(1) Même langage devant la justice humaine.

de notre origine spirituelle, ces aspirations que nous aurons foulées aux pieds pendant la vie, seront notre tourment à notre mort ; notre âme réclamera ses droits à l'émancipation, et nos œuvres, coupables ou stériles, la retiendront forcément dans le milieu de la punition, du remords, de la honte, milieu dont elle ne sortira que pour se réincarner et recommencer la tâche.

Mais si notre âme est réhabilitée, si nous avons pratiqué les vertus qui donnent droit au séjour éternel, notre Esprit s'envolera dans les régions supérieures où il sera attiré par les fluides sympathiques, régions habitées par les Esprits de même ordre, et nous continuerons, pendant l'éternité, dans les espaces célestes, le progrès spirituel de science et d'amour que nous aurions dû toujours poursuivre !...

Dans ces régions qu'habitent les Esprits libérés, on ne connaît ni les ennuis, ni les soucis, ni les peines ; tout y est harmonie et répond à nos désirs, à nos aspirations, à notre intelligence. La souffrance n'y a point accès, car les Esprits qui y sont admis ont satisfait à la loi sans murmurer, *ont vaincu la matière.*

Telle est l'alternative de bonheur ou de malheur,

de joie ou de tristesse, de paix ou de souffrance à laquelle le spiritisme nous fait assister dans les communications d'outre-tombe (1).

Vous redoutez la souffrance, réplique-t-on, et pourtant vous l'admettez chez les animaux; pourquoi cette contradiction?

Le principe intelligent *pour s'individualiser*, répondrons-nous, ne peut moins faire que de subir, pour y arriver, un travail quelconque. Les règnes inférieurs de la nature sont autant de creusets destinés à l'élaboration de l'Esprit, jusqu'à ce qu'il parvienne à la période où il reçoit une transformation suprême, et qui, *comme une nouvelle création*, lui donne l'étincelle divine, et le met en possession de son libre arbitre; alors seulement, il a la vraie conscience de sa personnalité. Jusqu'à ce moment, *s'ignorant lui-même*, le principe intelligent, quel que soit son développement, ne peut juger, en connaissance de cause, ce qui l'entoure et le frappe. Il est créé perfectible; c'est ce dont on s'aperçoit aisément si l'on observe les sensations étranges qu'éprouvent les animaux, en général, lorsque quelque chose d'extraordinaire vient se

(1) Voyez Allan Kardec: *Ciel et Enfer*, 2ᵉ partie.

refléter dans leur cerveau, siège principal de l'Esprit.

Ce qui prouve une fois de plus que l'animal n'est pas tout matière, comme on est généralement tenté de le croire, c'est que l'impression reçue est durable, ce qui ne peut exister sans un principe supérieur à la matière, gardant l'empreinte de ce qui lui a été transmis par le cerveau, propriété que ne peut avoir la matière pure la mieux organisée. — Mais il y a cette différence capitale entre l'animal et l'homme, c'est que celui-ci *raisonne* l'impression reçue, tandis que l'animal la *subit* inconsciemment (1).

Le travail qu'accomplit l'Esprit *en formation*, dans ses innombrables réincarnations animales, est donc un travail forcé *qui n'a d'autre but que de l'amener à l'individualisation*. Or, pour arriver à ce résultat, il faut, de toute nécessité, qu'il soit soumis à une contrainte, à une gêne, à une macération qui, le rendant de plus en plus *sensible*, développe en lui les *éléments* de la conscience de l'être. C'est donc l'esprit qui soutient la matière; mais par le travail de la matière, l'esprit, peu à peu, marche à

---

(1) La souffrance chez l'animal est adoucie par l'*instinct*, ce guide infaillible presque inconnu à l'homme.

l'individualisation. De cette lutte incessante, de ces besoins multiples, résulte forcément la souffrance; le principe intelligent, créé perfectible, acquiert ainsi des forces nouvelles qui, développées dans des milieux appropriés, enrichies peu à peu par l'agrégation, l'amènent progressivement à la transformation suprême. Ce travail achevé, l'Esprit n'a plus à souffrir, *et il est temps*, car ayant la conscience de sa personnalité, il pourrait se tourner vers son Auteur *et lui demander raison de sa souffrance.*

Ceci n'a pas lieu. L'Esprit, formé d'éléments divers, au premier sentiment de la *vie* alors seulement se connaît, et n'a qu'à bénir son Créateur (1). A ce moment, il entre dans le bonheur de la vie céleste où il doit développer ses facultés morales et intellectuelles, *et apprendre à discerner le bien du mal;* c'est un enfant du Ciel, ignorant, mais innocent, et susceptible de grandir sans douleur, s'il sait se maintenir dans la voie qui lui est tracée. Pourquoi Dieu l'incarnerait-il dans les mondes matériels? Qu'irait-il faire dans les incarnations primitives ou sauvages?... là où règnent le mal et le désordre, *où l'horreur se traîne*, comme le dit éner-

---

(1) La vie spirituelle est le terme de la souffrance.

giquement Victor Hugo, où la souffrance n'a pas de nom !... Libre à l'Esprit de changer sa voie. S'il préfère les biens matériels aux joies célestes, s'il dévie de sa nature angélique, alors il est incarné ; les travaux matériels deviennent son partage, et avec eux la douleur, l'ennui et la souffrance, *car c'est par elle qu'il se réhabilitera*, tout en accomplissant les diverses missions qui lui sont confiées, *car Dieu punit pour améliorer*.

Selon son intelligence ou sa culpabilité, il sera employé à tel ou tel travail ; suivant les progrès à accomplir, il sera placé dans tel ou tel milieu qui lui aidera à remonter progressivement à la source de toute lumière. En attendant, Dieu, dans sa bonté, lui permet et l'engage d'éveiller, peu à peu, dans son âme le sentiment du beau, du vrai et du bien ; par les messagers célestes, l'âme humaine entre de plus en plus dans l'harmonie, le souvenir du Ciel lui revient, elle entrevoit, à travers les créations fantastiques de l'imagination, les splendeurs divines que lui révèlent déjà ici-bas la poésie et la musique, et bientôt elle reprend son vol vers cette patrie qu'elle avait dédaignée sur les inspirations de l'esprit du mal.

Telle est la cause de la souffrance humaine. Que

l'on soit riche ou pauvre, savant ou ignorant, chacun a son fardeau à porter : les uns l'ont sur les épaules, les autres sur le cœur, et le plus souvent sur les deux à la fois. Ne pouvant pas en accuser Dieu, la conscience universelle répond : DÉCHÉANCE.

Mais voici venir d'autres adversaires qui prétendent que l'oubli du passé rend le châtiment injuste. Dieu, disent-ils, ne peut nous punir pour des fautes dont nous avons perdu le souvenir.

Et qui parle ainsi? Ceux qui, méconnaissant la justice, voudraient, au nom de la religion, faire croire au genre humain entier que nos malheurs viennent d'une faute commise par « le père » de notre race, et dont nous subissons la peine sans avoir participé à l'action!!!

Qui parle encore ainsi? Ceux qui, niant la préexistence, veulent, au nom de la philosophie, nous faire accepter une loi fatale d'inégalité qui ne trouve sa raison d'être ni dans la bonté, ni dans la sagesse du Créateur (1)!!!

Arrière! arrière! Place au spiritisme qui seul

---

(1) Tout dans le plan de l'univers démontre la préexistence et l'antériorité de l'âme. Sans ce dogme, tout devient obscur et incompréhensible dans l'œuvre divine.

nous donne la clef du problème, et qui seul nous montre la faute et la réparation (1) !

L'oubli du passé que l'on oppose au dogme de la préexistence est, pour ainsi dire, le corollaire de l'incarnation dans les mondes inférieurs. Dans ces mondes, la matière, trop lourde, est un obstacle invincible au souvenir ; elle domine tellement l'Esprit que celui-ci, absorbé par les nouvelles impressions que lui transmet le cerveau, ne peut faire primer sa lucidité spirituelle. Ces impressions lui étant transmises dès l'enfance, lui tracent une nouvelle carrière, et obstruent ainsi tout souvenir. Toutefois, il reste à l'Esprit assez de force pour se guider ; la conscience qui se fait jour, *à mesure que les organes se développent*, lui indique le chemin qu'il doit prendre et poursuivre en vertu de son libre arbitre (2).

Les Esprits qui sont incarnés dans des mondes

---

(1) Selon l'intensité des passions on peut mesurer la profondeur de la chute. (Voyez A. Bellemare : *Spirite et Chrétien.*)

(2) L'exercice du libre arbitre est plus ou moins facile, selon le milieu physique où l'Esprit est incarné. Dans les races embryonnaires et rudimentaires des mondes primitifs, la vie humaine est purement *végétative* ; chez les peuples sauvages ou barbares elle est *instinctive et presque animale* ; ce n'est que dans les centres civilisés que l'Esprit trouve les moyens de vivre de la *vie intelligente*. A mesure que les races s'améliorent et *s'éloignent de leur point de départ*, le cerveau et le cœur, ces deux pôles de la manifestation spirituelle se prêtent de mieux

élevés, tels que Jupiter, par exemple, n'étant pas soumis à une enveloppe aussi matérielle que la nôtre, ont plus ou moins le souvenir de leur passé; mais ils sont encore loin des mondes spirituels où ce souvenir est permanent, car ces globes, habités par des Esprits *infaillis* ou *réhabilités*, ne sont pas dans les mêmes conditions d'existence que la terre. Tout y est fluidique, et les Esprits qui viennent de l'immensité pour les visiter sont visibles à leurs yeux, tandis qu'ils sont invisibles à ceux des habitants des mondes matériels, dont la terre fait encore partie.

La même loi qui nous empêche de voir les Esprits s'oppose au souvenir du passé; c'est une cause physiologique *qui tient à la matérialité de notre enveloppe*. De tout temps, cependant, quelques incarnés ont joui du privilège de vision spirituelle; on les désigne en spiritisme sous le nom de *médiums voyants*. Lorsque la terre aura progressé, lorsqu'elle arrivera dans des couches fluidiques plus

en mieux à la transmission de la pensée, et à l'épanouissement de la conscience de l'Esprit. Suivant les fautes à expier, les vices à corriger, les vertus à acquérir, Dieu le place dans telle ou telle famille, telle ou telle race. L'oubli du passé est donc un bienfait, car plus l'Esprit descend, plus le souvenir du passé lui serait pénible.

pures (on sait, en astronomie, que notre globe, dans ses révolutions sidérales, n'a jamais passé deux fois au même endroit de l'espace), peu à peu la matière s'allégera. C'est un changement que l'on peut déjà facilement constater, en comparant nos corps avec ceux des peuples de l'antiquité (1). La terre alors commencera sa période fluidique, et servira d'asile à d'autres Esprits, jusqu'au moment où, globe fluidique pur, elle entrera définitivement dans la série des « *tabernacles éternels* ». C'est cet état futur de la terre que prophétisa St Jean dans l'Apocalypse, en parlant de la « *Jérusalem céleste* ». C'est, du reste, la loi universelle entraînant tous les mondes, et les faisant passer graduellement, de l'état matériel incandescent, jusqu'à la fluidité la plus pure, les dépouille, peu à peu, des molécules matérielles, lesquelles, entraînées par les lois de l'affinité servent à la création de nouveaux mondes (2).

(1) Les types de beauté idéale que l'antiquité nous a légués, tels que l'Apollon du Belvédère, ou la Vénus de Médicis, ne sont autre chose que des rêves de l'imagination. Si Phidias et Praxitèle n'avaient eu que leurs contemporains pour leur servir de modèles, l'art grec n'aurait jamais produit rien d'aussi céleste; pas plus que chez nous, Mozart et Beethoven, sans l'inspiration divine, n'auraient produit leurs sublimes symphonies.

(2) Voyez Louis Michel : *La clé de la vie*.

Les adversaires de la réincarnation font une autre objection qu'ils croient sans réplique, c'est celle-ci : Si les différentes positions sociales peuvent nous guider pour connaître le degré de culpabilité des Esprits, la doctrine de la réincarnation est une doctrine de fatalité, une consécration de tous les succès, un défi et un outrage à tous les malheurs.

« Vous qui avez une mauvaise part en ce monde, dit M. Baguenault de Puchesse, vous souffrez; mais c'est que, d'avance, vous avez été coupables. Vous vous plaignez, mais de quoi? La douleur vous est due, vous recevez ce que vous avez mérité; la souffrance n'est que votre salaire. Quant aux riches, quant aux heureux de ce monde, leur jouissance est leur droit; leur bonheur est leur légitime récompense. Les biens de la vie c'est la partie la plus sûre de leur rémunération. Qu'ils en jouissent à leur aise! Ils seraient bien insensés de les compromettre pour ceux qui n'en ont pas été dignes. Il faut, avant tout, qu'ils les conservent. Que, du haut de leur prospérité, du faîte de leur grandeur, ils insultent et méprisent les autres hommes; qui le leur reprochera? Ils ont seuls droit d'être heureux. La pitié, la sympathie dont ils viendraient à s'émouvoir pour leurs semblables, l'assistance qu'ils seraient tentés de leur offrir, ce serait presque une injustice, et ils ne se troubleront pas pour modifier un ordre de choses régulier et légitime (1). »

A part la dernière phrase, qui n'est qu'une amère ironie, ce qu'on vient de lire est assez exact, si l'on envisage la question au même point de vue que les réincarnationnistes purs.

En effet, si l'Esprit est condamné *à n'ascensionner que par la matière*, les jouissances et les satisfactions qu'elle lui présente sont les seules qu'il pourra jamais posséder; il est donc tout naturel qu'il s'y précipite avec frénésie, puisque il n'y a pas pour lui d'autre élément de bonheur. Le spiritualisme ainsi entendu ne serait qu'un matéralisme perpétuel déguisé, et n'aurait pas de meilleures conséquences morales, du moment que les biens présents sont les seuls appréciables. Le seul but de l'homme serait de s'installer le plus commodément possible partout où le destin le ferait naître, sans s'inquiéter d'une vie future qui devient une abstraction avec l'oubli du passé.

(1) Baguenault de Puchesse: *L'Immortalité.*

Il appartenait au spiritisme de jeter la lumière sur ce point comme sur tant d'autres. — Le Christ a dit : « Malheur à vous, riches, qui avez votre consolation en ce monde, car il est plus difficile à un riche d'entrer dans le royaume des Cieux, qu'il ne l'est à un câble de passer par le trou d'une aiguille (1). »

Avec l'unité d'existence, cette parole n'a vraiment pas de sens ; car si une seule vie doit décider, à tout jamais, de notre sort éternel, Dieu doit aussi nous faciliter tous les moyens pour atteindre le but. Si donc il place des êtres dans une condition où le salut est impossible, il faut admettre, pour que la malédiction évangélique soit fondée, que ces êtres ont demandé eux-mêmes de posséder les biens terrestres qui entraînent avec eux la *damnation*, c'est-à-dire la réincarnation, non par leur nature, mais par leurs conséquences.

Les différentes positions sociales sont, pour les Esprits incarnés, des leviers puissants pour arriver à *l'émancipation de l'âme*. Tel est riche, qui, pauvre, se serait fourvoyé ; par contre, tel est

---

(1) Luc, ch. 18, v. 25.

pauvre, qui, riche, serait resté en chemin (1). — Les succès, les revers, les honneurs, les tribulations, la richesse, la pauvreté, la santé, la maladie, les infirmités, etc., tout cela n'est rien en soi; ce sont autant d'épreuves établies *pour faire naître les vertus*. Chacun, ici-bas, a sa tâche; tous ne doivent avoir qu'un but : la réhabilitation, le salut éternel. — Avant l'incarnation, les Esprits qui y sont soumis *choisissent* ou *acceptent* le milieu dans lequel ils peuvent trouver les moyens de salut; selon les tendances, les vices à corriger ou les vertus à acquérir, ils s'incarnent homme ou femme (2), pauvre ou riche, maître ou serviteur, favorisés ou disgraciés des dons de la nature, etc. ; et s'il était permis de préjuger des dispositions privées de chacun, il faudrait, pour être juste, convenir que ceux qui ont choisi ou accepté la condition la plus pénible ne sont pas les moins courageux.

Quant aux positions physiques, nous avons vu, et cela n'est pas douteux, que les races inférieures sont composées d'Esprits plus ou moins déchus,

---

(1) Il n'y a aucune vanité à tirer du rôle qu'on joue dans la *comédie humaine* : aujourd'hui prince, demain paysan.

(2) La différence d'aptitudes que l'on remarque entre les deux sexes vient de ce que chez l'homme, la puissance de l'Esprit est accumulée au cerveau, et chez la femme, elle est accumulée au

et absolument rebelles à la loi du progrès, ce qui leur a valu ce redoublement de *surveillance* de la part de la Providence. Nous avons parmi nous un exemple de ce genre d'expiations dans les crétins, les idiots, les monstres et les fous.

Hâtons-nous de dire que l'homme doit travailler à l'amélioration physique et morale du globe qu'il habite. Peu à peu, les races sauvages, *derniers vestiges d'une nature en gestation*, feront place à des corps de mieux en mieux organisés; et les exemples, de plus en plus rares, d'idiotie et de crétinisme cesseront tout à fait si l'on s'occupe d'en détruire la cause. Les Esprits dont le progrès et la chute exigent de semblables incarnations, iront les subir dans d'autres mondes que l'infini enfante sans cesse; notre devoir, à nous, c'est de marcher toujours en avant. Travaillons à notre épuration, et bientôt, libérés et réhabilités, nous recouvrerons ce souvenir du passé qui nous est si cher, souvenir dont l'âme est privée *tant que ses écarts la condamnent à la mort spirituelle*, c'est-à-dire à

cœur; c'est pour cela que l'homme paraît plus intelligent, et la femme plus sensible; mais au fond, ce sont les mêmes Esprits revêtant telle ou telle enveloppe, suivant les missions à accomplir ou les expiations à subir.

l'incarnation humaine *dans les mondes d'oubli* (1).

Dieu, dira-t-on, ne pourrait-il pas punir les Esprits en les laissant dans le monde spirituel?

A cela le spiritisme répond : Tout dans la nature doit progresser, les Esprits comme les mondes; l'incarnation humaine est un des moyens employés par Dieu pour le progrès des Esprits rebelles (2), et elle est nécessaire également au progrès des mondes. L'Esprit incarné devant pourvoir à son existence, déploie son intelligence dans le milieu où il est placé; ce milieu progresse ainsi par le travail de l'homme, sous la direction des Esprits préposés à cet effet (3).

Mais ici se présente l'objection capitale : Si l'homme, dit-on, est indispensable au progrès des mondes, qui travaillerait à ce progrès si aucun Esprit n'avait failli?

Cette question touche à celle de l'éternité de

---

(1) Tous les mondes où le souvenir est plus ou moins voilé font partie des mondes d'exil.

(2) Dieu les revêt de la *camisole de force*, comme le dit figurément Victor Hugo. (*Contemplations*, vol. II, page 327.)

(3) Tous les mouvements de la nature sont dirigés par des puissances supérieures. L'homme, selon ses moyens, a sa part dans cet ensemble merveilleux; mais c'est ici le cas d'appliquer la parole de Fénelon : L'homme s'agite et Dieu le mène. (*Livre des Esprits*, nos 536-540.)

Dieu. Dieu est toute science ; en créant l'univers, de toute éternité il en a conçu le plan. Les hommes devaient naître parce que des Esprits pouvaient faillir, ce que Dieu savait d'avance (1).

« La prescience de Dieu l'a mis à même de savoir, de toute éternité (le présent, le passé et l'avenir étant toujours déroulés devant ses regards), que rien n'a manqué, ne manque et ne manquera à la vie et à l'harmonie universelles ; qu'il y a eu, qu'il y a et qu'il y aura toujours des esprits coupables pour alimenter les terres primitives, votre terre et les autres mondes qu'il a créés, qu'il crée et créera, appelés à servir d'habitation aux esprits qui ont failli, qui faillissent et qui failliront, et qui ont eu, qui ont et auront à expier et progresser dans ces mondes, et à travailler à leur amélioration matérielle.

« La prescience de Dieu l'a mis à même de savoir, et de toute éternité, qu'il y a eu, qu'il y aura toujours des Esprits qui, purs à l'état d'innocence et d'ignorance, et qui, dociles à leurs guides, resteront purs dans la voie du progrès, suivant sim-

---

(1) Les mondes matériels sont, *en principe*, créés pour l'élaboration du principe intelligent : témoin les temps antéhumanitaires. C'est sur ces mondes que l'Esprit déchu vient progresser.

plement et graduellement la voie qui leur est indiquée pour progresser, ne failliront pas; qu'il y en a eu, qu'il y en a et en aura toujours pour alimenter tous les mondes fluidiques qu'il a créés, qu'il crée et créera, appropriés aux intelligences qui doivent les habiter, et où elles sont appelées à progresser *à l'état fluidique.*

« Est-il plus juste de penser que Dieu, que l'on vous représente comme le type de toute perfection et de toute justice, crée des êtres faibles exprès pour leur faire acquérir la force dans la douleur des épreuves; qu'il les crée innocents afin de leur apprendre la pratique de l'innocence dans le meurtre, l'indignité et tous les vices des incarnations humaines primitives; vices qui s'enracineraient dans la créature sortie exprès des mains du Seigneur, au point que les milliers de siècles qui s'écoulent sur elle ne suffisent pas à la polir; torrent impétueux coulant sans cesse sur les cailloux rudes et raboteux sans pouvoir en user la surface, puisqu'au jour qui luit pour vous, tant d'indignités encore affligent l'humanité.

« Non; Dieu est grand, juste, bon, paternel; ses enfant naissent dans la simplicité de leur cœur, c'est Dieu qui l'a voulu. Ils ont la liberté des actes, c'est Dieu qui la leur accorde ; *ils en mésusent presque toujours*. C'est Dieu qui, laissant à l'Esprit l'usage du libre arbitre, se retire en quelque sorte de lui pour l'abandonner à ses propres impressions ; c'est alors qu'il choisit sa voie ; alors, *mais alors seulement* qu'il subit les conséquences de son choix.

« Les Esprits qui ont failli, et ceux restés purs, travaillent, les uns et les autres, à leur propre avancement par leur activité et leur intelligence, accomplissant leur mission providentielle, dans cette grande unité de la création où, pour *tous les Esprits*, tout est *réciprocité* et *solidarité* dans le but de s'élever vers Dieu, selon les lois générales progrès, par la sagesse, la science et l'amour..

« Les Esprits qui ont failli déploient, à l'état d'incarnation leur activité et leur intelligence, non seulement pour pourvoir à leur vie et à leur bien-être et, dans ce but, à l'amélioration matérielle des mondes qu'ils habitent, ce qui est le côté matériel ; mais encore pour travailler à leur avancement moral et intellectuel et au développement moral et intellectuel des humanités qui peuplent ces mondes.

« Tout viendra en son temps ; et cette vérité se

fera jour comme se sont fait jour la réincarnation et l'antériorité de l'âme. Chacun prépare : une génération ensemence, une autre sarcle et la troisième récolte (1). »

Dieu ne pouvait-il pas nous créer parfaits?

Dieu seul étant parfait, si nous l'étions nous-mêmes nous serions des dieux. Créés libres, intelligents, capables de progrès, les Esprits, quelle que soit leur science acquise, auront toujours à acquérir, et, en vertu de leur liberté, seront toujours susceptibles de faillir, jusqu'à ce qu'ils soient parvenus au rang de purs Esprits (2).

Mais plus les Esprits s'élèvent, moins ils faillissent; d'où cette conséquence : que les mondes matériels sont habités par des Esprits généralement inférieurs en intelligence et en moralité.

Après ces considérations morales, ouvrons l'Évangile; nous y verrons la chute, non-seulement en termes clairs et précis, *mais être la base même de la morale.*

(1) J. B. Roustaing : *Les Quatre Evangiles expliqués*, 1 vol. page 204.

(2) En spiritisme, on donne le nom de « purs Esprits » à ceux qui ont atteint la perfection sidérale, et qui, par conséquent, sont à l'abri de toute chute; ce sont les « Séraphins » de la hiérarchie céleste.

CHAPITRE IV

CONSIDÉRATIONS ÉVANGÉLIQUES

Lorsque, par ordre de Dieu, le Christ parut sur la terre, il alla de ville en ville, de bourgade en bourgade, prêcher ce qu'il appelait lui-même l'« Évangile du Royaume ». Le peuple de Judée, avide de l'entendre, accourait en foule sous ses pas. Par de vives paraboles, de brillantes images, Jésus savait toucher le cœur de ses auditeurs ; et ceux-ci, émerveillés de ce langage nouveau, saluaient en lui le Messie promis par les prophètes.

Tour à tour doux et énergique, passionné ou tendre, il parlait avec autorité. (Marc, ch. 1er, v. 22 ; Luc, ch. 4, v. 32.)

Par des prodiges extraordinaires, il donnait un singulier prestige à ses paroles ; et ses exemples, où venait se refléter sa doctrine tout entière, étaient pour ceux qui l'entouraient le signe le plus certain que Dieu avait mis en lui toutes ses complaisances. (Matthieu, ch. 3, v. 17.)

Quel était cet Être extraordinaire, et d'où lui venait sa puissance? Il le disait lui-même : Je suis descendu du Ciel, non pour faire ma volonté, mais pour accomplir la volonté de Celui qui m'a envoyé. (Jean, ch. 6, v. 38.)

S'annonçant comme fils unique de Dieu, c'est-à-dire uniquement de Dieu et non de la matière, il donnait à entendre par là qu'en lui il n'y avait jamais eu de souillure, qu'il n'avait jamais failli. (Jean, ch. 8, v. 46.)

Je suis le Principe, disait-il (Jean, ch. 8, v. 25). Il était, en effet, au commencement avec Dieu, puisque, comme il le disait aussi, Dieu l'avait aimé avant la création du monde, c'est-à-dire de la terre. (Jean, ch. 17, v. 5 et 24.)

Établi gouverneur et protecteur de notre planète, tout a été fait par lui, et rien de ce qui a été fait sur notre globe n'a été fait sans lui. (Jean, ch. 1er, v. 1-3 ; ch. 5, v. 19-20.)

Il est le Verbe de Dieu et notre Maître, car il a dit : Je suis la voie, la vérité et la vie; personne ne vient au Père que par moi. (Jean, ch. 14, v. 6.)

Si donc Christ seul est notre Maître (Matthieu, ch. 23, v. 10) et si sa parole est la vérité (Jean, ch. 8, v. 40-45), voyons ce que cette parole renferme.

Il n'est pas difficile, pour peu qu'on le lise attentivement, de voir que l'Évangile contient, plus que tout autre livre, la plus grande somme de préceptes pour rendre l'homme heureux sur la terre. Douceur, dévouement, abnégation, humilité, charité, patience, bienveillance, pardon des injures, justice, vérité, liberté, amour du travail, tel est le fond de ce Livre sublime.

Cependant, le bonheur terrestre que trouve inévitablement celui qui suit l'Évangile, n'était dans la pensée de Jésus que le gage d'une béatitude plus grande : l'Immortalité. Oui, la pensée du Christ visait plus haut que le bonheur matériel ; ses discours, ses paraboles si simples et si vraies, tout en lui respirait la vie future. Il se plaisait à faire allusion à ce Royaume des Cieux, à cette vie céleste qui attend l'homme de bien à la fin de sa carrière terrestre.

« Heureux, disait-il, les pauvres en esprit, car le Royaume des Cieux est à eux. (Matthieu, ch. 5, v. 3.)

« Heureux ceux qui souffrent persécution pour la justice, car le royaume des Cieux est à eux. (Ch. 5, v. 10.)

« Je vous dis que si votre justice ne surpasse pas celle des Scribes et des Pharisiens, vous n'entrerez pas dans le royaume des Cieux. (Ch. 5, v. 20.)

« Amassez-vous des trésors dans le Ciel où les vers ni la rouille ne gâtent rien. (Ch. 6, v. 20.)

« Si vous ne changez pas, et si vous ne devenez pas comme des enfants vous n'entrerez pas dans le royaume des Cieux. » (Ch. 18, v. 3.)

Qu'est-ce donc que ce royaume des Cieux que Jésus promet à ceux qui suivent sa loi? Il l'a dit lui-même : « Celui qui croit en moi a la vie éternelle (Jean, ch. 6, v. 47). Or, ceci est la volonté du Père qui m'a envoyé : que tout ce qu'il m'a donné, rien ne se perde, mais que je le ressuscite au dernier jour (Jean, ch. 6, v. 39), *car je suis venu sauver ce qui était perdu.* (Matthieu, ch. 18, v. 11.)

De quelle résurrection s'agit-il donc? Il s'agit de la vie de l'Esprit dégagé du corps, de l'Esprit libéré et réhabilité qui rentre en grâce auprès de Dieu, de l'Esprit enfin qui, libre désormais, n'est plus soumis à aucune souffrance, soit matérielle, soit spirituelle ; en un mot, c'est la vie véritable, vie supérieure promise à *celui que la vérité aura délivré.* (Jean, ch. 8, v. 32.)

Ce bonheur est-il accessible à tout le monde?

Jésus a dit : « Tous ceux qui disent : Seigneur! Seigneur! n'entreront pas dans le royaume des Cieux; mais celui-là seulement qui fait la volonté de mon Père qui est aux Cieux. (Matthieu, ch. 7, v. 21.)

« Aussi je vous le dis, plusieurs viendront de l'Orient et de l'Occident et seront admis au royaume des Cieux. Et les enfants du royaume seront jetés dans les ténèbres extérieures où il y a des pleurs et des grincements de dents. (Matthieu, ch. 8, v. 11-12.)

« Il est plus aisé qu'un câble passe par le trou d'une aiguille, qu'il ne l'est qu'un riche entre dans le royaume des Cieux. (Luc, ch. 18, v. 25.)

« Que sert à l'homme de gagner l'univers *s'il vient à perdre son âme.* (Matthieu, ch. 16, v. 26.)

« *Il y a beaucoup d'appelés et peu d'élus.* » (Matthieu, ch. 22, v. 14.)

Cette dernière parole résume toute la pensée du Maître. Oui, tous nous sommes appelés à la béatitude éternelle; tous, *si nous le voulons,* après cette vie, nous irons dans le royaume des Cieux.

Libres dans l'immensité, pendant l'éternité nous graviterons vers Dieu.

Ce bonheur ne consistera pas à aller habiter un monde quelconque (1). Non, le Christ l'a dit : « Les enfants de ce siècle se marient et sont donnés en mariage; mais ceux qui seront trouvés dignes du *siècle à venir* et dans la résurrection des morts, ne se marieront point, *car ils ne pourront plus mourir*, parce qu'ils seront égaux aux *anges* et les enfants de Dieu, *étant enfants de la résurrection*. » (Matthieu, ch. 22, v. 23-33; Marc, ch. 12, v. 18-27 ; Luc, ch. 20, v. 27-40.)

Le siècle où l'on se marie, c'est la vie d'incarné ; le siècle à venir, c'est la vie de l'Esprit: la résurrection des morts, c'est le retour des incarnés à la vie céleste. Ceux qui en seront jugés dignes *ne pourront plus mourir*, c'est-à-dire *ne s'incarneront plus*, car ils seront égaux aux anges, c'est-à-dire aux *Esprits infaillis* qui sont les vrais enfants de Dieu, n'étant point nés du sang, ni de la volonté de la chair, ni de la volonté de l'homme, mais de Dieu. (Jean, ch. 1, v. 12-13.)

Et ceux qui ne seront point élus, que devien-

---

(1) Nous parlons seulement des « Élus ».

dront-ils? Le Christ l'a dit par son insistance sur la nécessité de la réincarnation : « Il faut que vous naissiez de nouveau, personne, s'il ne naît de nouveau, ne peut entrer dans le royaume des Cieux. » (Jean, ch. 3, v. 3-7.)

Il faut donc que ceux qui ne sont pas élus renaissent à la vie matérielle, à la vie *« d'eau et d'esprit », car la main de Dieu demeure sur eux* (Jean, ch. 3, v. 36). Le Christ insiste donc : « Ne vous étonnez pas de ce que je vous dis. Il faut que vous naissiez de nouveau. » Ce qui veut dire : Il faut que vous renaissiez encore pour réparer vos fautes, car vous n'êtes point encore dignes de la résurrection.

C'est donc la réincarnation *qui fait le fond de toute la pénalité évangélique*. Après *l'erraticité* (1) plus ou moins douloureuse dans les ténèbres extérieures, il y a la réincarnation, qui est le *« feu éternel »* qui ne s'éteint point (Matthieu, ch. 3, v. 12; Luc, ch. 3, v. 17), parce que la création est éternelle comme Dieu.

La mission de Jésus-Christ se résume tout entière en un seul mot : Émancipation. Il est vrai-

---

(1) On appelle *erraticité* l'état dans lequel se trouvent les Esprits qui doivent se réincarner parce qu'ils sont *errants*.

ment le Rédempteur, le sauveur des hommes, car il est venu pour illuminer *ceux qui sont assis dans les ténèbres et l'ombre de la mort.* (Luc, ch. 1er, v. 79; Matthieu, ch. 4, v. 16.)

Nous l'avons dit plus haut, et nous l'avons prouvé, l'incarnation humaine est un *sépulcre* pour l'âme, une mort. L'Esprit qui la subit est mort à la vie spirituelle; tombé des Cieux, il vient s'asseoir dans les ténèbres et l'ombre de la mort jusqu'à ce que, secoué par l'épreuve, vivifié par la souffrance, il soit jugé digne de la résurrection de la vie.

Le Christ l'a proclamé; écoutons-le :

« Je suis la résurrection et la vie, celui qui croit en moi, *fût-il mort*, vivra; et quiconque vit et croit en moi *ne mourra jamais.* (Jean, ch. 11, v. 25-26.)

« En vérité, en vérité, je vous le dis, si quelqu'un garde ma parole *il ne verra jamais la mort.* (Ch. 8, v. 51.)

« En vérité, en vérité, je vous le dis, celui qui écoute ma parole et croit en Celui qui m'a envoyé, a la vie éternelle et ne vient point en jugement; *mais il passe de la mort à la vie.* (Ch. 5, v. 24.)

« L'heure vient, et elle est déjà venue, *où les*

morts entendront la voix du Fils de Dieu ; *et ceux qui l'entendront vivront.* (Ch. 5, v. 25.)

« Ne vous étonnez point que l'heure soit venue, où ceux qui sont dans les sépulcres entendront la voix du Fils de Dieu, et s'en iront, *ceux qui ont fait le bien, dans la résurrection de la vie*; ceux qui ont fait le mal, *dans la résurrection du jugement* (1). (Ch. 5, v. 29.)

« En vérité, en vérité, je vous le dis, celui qui croit en moi a la vie éternelle. (Ch. 6, v. 47.)

« Je suis le *pain de vie*. (Ch. 6, v. 48.)

« Vos pères ont mangé la manne dans le désert et ils sont morts. Voici le pain qui descend du Ciel *afin que celui qui en mange ne meure point*. (Ch. 6, v. 50.)

« Qui mange ma chair et boit mon sang a la vie éternelle ; et moi je le *ressusciterai* au dernier jour. (Ch. 6, v. 54.)

« Voici le pain qui est descendu du Ciel ; non comme vos pères ont mangé la manne et sont morts ; qui mange de ce pain *vivra éternellement*. (Ch. 6, v. 59.)

« Ces paroles sont esprit et vie. » (Ch. 6, v. 64.)

(1) La réincarnation.

Oui, ta parole est esprit et vie, ô sublime Maître ! Ta divine « *Eucharistie* » n'est plus dans la manne du désert, dans le pain grossier qui tombe sous les sens ; elle réside dans la compréhension et la pratique de ta doctrine ! Nous mangerons ta chair et nous boirons ton sang, c'est-à-dire, nous ne ferons qu'un avec toi, car tu es le pain de vie ! La loi ancienne s'adressait à la matière ; la tienne ô Christ ! s'adresse à l'esprit ; celle-là conduisait à la « *mort* » ; celle-ci mène à la « *vie* », car c'est le pain de l'immortalité (1) !

Les philosophes qui veulent la réincarnation perpétuelle de monde en monde sont donc forcés de renoncer à l'Évangile. L'incarnation qui pour eux est un état normal constitue le Ciel dès ce monde. C'est donc en vain que l'Envoyé du Très-Haut serait venu promettre la vie éternelle, puisque déjà nous la possédons !

Et quel Ciel !... Ceux qui se sont aimés, qui ont sympathisé, qui ont souffert ensemble, où devront-

---

(1) N'est-il pas incroyable que des hommes de sens, des hommes instruits, aient erré au point d'assimiler l'essence spirituelle du Christ sauveur à un aliment subissant en partie les macérations de l'estomac et susceptible d'être entraîné par la digestion ! — Pauvre humanité ! (J.-B. Roustaing : *Les Quatre Évangiles*, vol. III, p. 348.)

ils se réunir après cette vie ? Où se reverront-ils ? Cet échange constant, ce va-et-vient perpétuel des âmes ne les dispersera-t-il pas toujours ? Le hasard pourra peut-être quelquefois les rassembler, mais la réincarnation les séparera impitoyablement (1).

Revenons à l'Évangile. Lorsque le Christ annonçait son deuxième avènement, faisant allusion à l'époque où la terre, bouleversée par de violentes commotions, *entrera dans la période fluidique*, il disait, parlant des Esprits incarnés qui l'assistaient dans sa mission, ainsi que de ceux qui en étaient à leur dernière incarnation : « Je vous dis en vérité qu'il y en a quelques-uns ici présents qui ne *goûteront* point de la *mort* qu'ils n'aient vu le Fils de l'homme venir en son royaume. » (Matthieu, ch. 16, v. 28; Marc, ch. 8, v. 39; Luc, ch. 9, v. 27.)

Ces paroles, qui ne peuvent s'expliquer que par le spiritisme, signifient clairement que parmi les incarnés, les *morts*, à qui Jésus s'adressait, il y en avait qui ne se réincarneraient en mission qu'à son deuxième avènement. Mais à cette époque,

---

(1) Une semblable doctrine ne peut engendrer que l'égoïsme ou le règne du : *Chacun pour soi*, malgré son apparence progressiste.

bien éloignée sans doute, il y en aura de ceux également à qui il parlait, qui auront été tellement rebelles à l'œuvre de rédemption, qu'ils feront encore partie des habitants de notre globe. C'est ce que veut dire cette autre parole incompréhensible sans la réincarnation : « Je vous dis, en vérité, que cette *génération* ne passera point que toutes ces choses n'arrivent. » (Matthieu, ch. 24, v. 34 ; Marc, ch. 13, v. 30 ; Luc, ch. 21, v. 32.)

Lors de son dernier avènement, le Christ séparera l'ivraie du bon grain, c'est-à-dire les bons d'avec les méchants (Matthieu, ch. 25, v. 32); ceux-ci étant indignes de posséder la terre transformée (Matthieu, ch. 5, v. 4), seront rejetés sur des planètes inférieures pour continuer leur épuration (1). C'est cette séparation qu'on a appelée du nom de *jugement dernier*, qui constituera la première mort et la première résurrection dont il est parlé dans l'Apocalypse (ch. 20, v. 5) ; quant à la deuxième résurrection dont il est question dans le même Livre (ch. 20, v. 14), elle aura lieu bien

---

(1) Cette rétrogradation ultérieure est la conséquence de la chute originelle avec laquelle on l'a confondue à tort, contrairement aux enseignements du *Livre des Esprits* (115-122-262). Voyez Allan Kardec : *Genèse*, ch. xi, 42-50.

plus tard, « *mille ans,* » selon le langage figuré de l'Écriture ; ce sera l'époque où la terre entrera définitivement dans la série des « *tabernacles éternels* » (Luc, ch. 16, v. 9). Le soleil s'obscurcira et la lune ne donnera plus sa lumière (Matthieu, ch. 24, v. 29; Marc, ch. 13, v. 24); puis il y aura de nouveaux cieux et une nouvelle terre, parce que le premier ciel et la première terre auront passé (Apocalypse, ch. 21, v. 1). La terre, alors *globe fluidique pur*, n'aura besoin ni de soleil, ni de lune pour l'éclairer, car la gloire de Dieu l'éclairera et l'Agneau (le Christ) en sera le flambeau. (Apocalypse, ch. 21, v. 23.)

Tel est l'avenir de notre planète selon les différentes révélations. Le soleil s'obscurcira en ce sens que la terre, s'éloignant de plus en plus de son centre d'attraction, sera à cette époque tellement éloignée et isolée de lui que pour elle il sera comme obscurci ; et la terre brillant de son propre éclat fluidique, *définitivement dépouillée de ses éléments matériels* s'enfuira dans les régions lumineuses (1) (Apocalypse, ch. 20, v. 11.) Les Esprits qui la *posséderont* éternellement n'y seront point fixés, mais ils y tiendront leur lieu de réunion où, sous

(1) Voyez Louis Michel : *La clé de la vie.*

les ordres du Christ, ils travailleront au progrès de l'univers, *étant alors purs Esprits*. (Apocalypse, ch. 22, v. 3-5.)

Quant aux Esprits qui n'auront point été dignes de la première résurrection, ils auront à travailler de nouveau pour remonter vers cette céleste Jérusalem *où n'y entrera rien de souillé* (Apocalypse, ch. 21, v. 27). Jusqu'à la seconde mort et la seconde résurrection, c'est-à-dire jusqu'à l'état fluidique pur et définitif du globe, ces Esprits pourront encore y trouver accès; mais cette époque passée, ils seront rejetés définitivement dans « *l'étang de feu* », c'est-à-dire les mondes inférieurs, car leur place ne s'y trouvera plus, *n'étant pas inscrits sur le livre de vie* (1). (Apocalypse, ch. 12, v. 8; ch. 20, v. 15.)

Afin de n'être pas de ce nombre, travaillons à rentrer dans la Patrie, pour qu'au jour fixé, nous fassions partie de ces Élus libérés que le Christ appellera des *quatre vents* du Ciel. (Matthieu, ch. 24, v. 31; Marc, ch. 13, v. 27.)

---

(1) On est saisi d'admiration devant cet ensemble merveilleux des Saintes Écritures, dont les deux termes sublimes, Genèse-Apocalypse, sont comme l'Alpha et l'Oméga de notre globe et de son humanité.

Que faut-il pour cela? Aimer Dieu par-dessus toutes choses et son prochain comme soi-même, *car ces deux commandements sont toute la loi et les prophètes.* (Matthieu, ch. 22, v. 40; Marc, ch. 12, v. 30, 31; Luc, ch. 10, v. 27.)

Cependant il faut encore une condition ; la voici :

Un jour, un jeune homme riche vint trouver Jésus et lui dit: « Bon Maître, que dois-je faire pour acquérir la vie éternelle? » Jésus lui répondit: Pourquoi m'appelez-vous bon ? Il n'y a que Dieu seul qui soit bon. — Si vous voulez entrer dans la vie, gardez les commandements. — Lesquels, lui dit le jeune homme? — Jésus lui répondit: Vous ne tuerez point; vous ne commettrez point d'adultère; vous ne déroberez point; honorez votre père et votre mère et aimez votre prochain comme vous-même. — Le jeune homme lui dit : J'ai gardé tous ces commandements dès ma jeunesse. — Et Jésus le regardant, l'aima et lui dit : Il vous manque encore une chose ; allez, vendez tout ce que vous avez, donnez-le aux pauvres, et vous aurez un trésor dans le Ciel; puis venez et *suivez-moi.* (Matthieu, ch. 19; Marc, ch. 10; Luc, ch. 18.)

Jésus, dans cette circonstance solennelle, ne voulait pas dire réellement à ce jeune homme de vendre ce qu'il possédait, car vendre suppose quelqu'un qui achète ; mais il donnait à entendre par là que pour entrer dans la « VIE », c'est-à-dire *dans la liberté céleste*, il faut un détachement *complet* des biens terrestres.

Donc, pour *suivre* Jésus dans le Royaume des Cieux, aimons Dieu par-dessus toutes choses, aimons nos frères comme nous-mêmes, élevons-nous au-dessus des jouissances matérielles, des biens terrestres, *et nous passerons de la « mort » à la « vie »*.

C'est la promesse du Rédempteur.

CHAPITRE V

CONSIDÉRATIONS FLUIDIQUES

L'enseignement des Esprits, d'accord avec les observations les plus rigoureuses, donne à tous les êtres le même point de départ originaire. Les principes animiques qui doivent plus tard former des Esprits conscients et libres sont tirés de la quintessence des fluides purs, animés par Dieu même. La constitution intime de l'Esprit créé ne peut pas plus nous être révélée que peut nous être donnée la connaissance directe de l'Esprit créateur; elles échappent l'une et l'autre à nos moyens d'investigations, et sont, par conséquent, au-dessus de l'entendement humain.

Ce que nous savons, c'est que les principes animiques, dès leur origine, subissent la loi fatale d'incorporation dans les trois règnes : minéral, végétal et animal. Ces trois grands laboratoires de la nature sont autant de creusets destinés à la formation de l'Esprit ; c'est la première phase de développement où les principes animiques passent peu à peu de l'inertie à la vie, se préparant ainsi à la conscience de l'être.

Dans la suite, après un temps incommensurable, les principes spirituels se dégagent de la matière, subissent une dernière transformation qui, amenée par le travail d'agrégation, leur donne la plénitude de l'être (1). C'est, arrivés à cette période, que les principes animiques devenus conscients, prennent rang parmi les Esprits ; alors seulement commence l'existence véritable : la vie morale, indépendante et libre, et par conséquent la responsabilité personnelle.

Il y a entre ces deux situations si tranchées une ligne de démarcation qui distingue d'une façon déterminée la vie réelle de l'Esprit : c'est l'enveloppe fluidique ou corps spirituel qui, d'un être

(1) La terre n'est pas le terme de l'évolution animale qui se poursuit encore sur d'autres mondes plus avancés.

abstrait et indéfini tel que l'animal, en fait un être concret et défini tel que l'homme. Cette enveloppe, que l'on désigne en spiritisme sous le nom de *périsprit* (autour de l'esprit), est l'instrument, l'organe de la force consciente qui veut se mettre en rapport avec ce qui l'environne.

Entre la période d'être abstrait et celle d'être concret, il s'écoule un certain laps de temps. L'Esprit, pour entrer dans la vie active, consciente, individuelle, indépendante et libre, a besoin de se dégager entièrement du *contact forcé* qu'il a eu avec la chair ; il a besoin d'oublier ses rapports avec la matière, de s'en purifier ; c'est à ce moment que s'opère la transformation suprême qui le plonge dans une espèce de sommeil léthargique et d'où il sort avec la conscience de lui-même : *c'est l'état d'enfance de l'esprit* (1).

Ainsi que nous l'avons développé précédemment, tant que la force inconsciente appartient encore à l'animalité, elle subit l'ascendant irrésistible d'un progrès obligé ; les diverses positions qu'elle occupe, tour à tour, dans le règne animal sont pour elle un stimulant invincible, un excitant souverain

---

(1) Roustaing : *Les quatre Evangiles*, vol. 1, page 194. — Allan Kardec : *Le Livre des Esprits*, 189, 190.

pour l'amener à l'individualisation, en un mot pour en faire un être complet.

Mais tandis que la matière s'épure par la force même des choses en vertu de son union avec le principe animique qu'elle développe, l'Esprit arrivé à l'individualité consciente et libre ne peut progresser *que par sa propre volonté;* son avancement moral et intellectuel dépend de l'usage qu'il fera de sa liberté, de sa raison, de son jugement. Or, pour se manifester, pour se mettre en rapport avec ses semblables, il faut à l'intelligence un instrument de transmission ; pour agir sur la matière il lui faut un organe, un fil conducteur dont les principes constitutifs appartiennent à la matière : telle est la raison de l'enveloppe fluidique semi-matérielle appelée périsprit ou corps spirituel, destiné lui-même à s'épurer de plus en plus à mesure que l'Esprit qui le revêt s'élèvera dans la hiérarchie céleste.

De même que l'Esprit, en s'élevant, épure son périsprit, de même aussi il peut l'alourdir, s'il se laisse choir au contact de la matière. Faible en volonté au début, il est enclin à se laisser dominer par les choses extérieures qui ne parlent qu'aux sens grossiers, et dont son périsprit le rapproche malgré lui. L'Esprit a donc à lutter contre les tendances de son périsprit; là est l'écueil, car il est l'instrument de sa chute comme de son progrès. C'est à ce moment qu'ont lieu *sur des mondes spéciaux et dans des incarnations périspritiques,* les épreuves qui décident si l'Esprit appartiendra à la vie céleste ou à la vie matérielle, selon qu'il résistera à la tentation de la *sensualité* et de l'*orgueil.* C'est l'histoire figurée d'Adam et d'Ève.

La force consciente, revêtue de son périsprit, a-t-elle une forme quelconque? Cette question que l'on se pose malgré soi, et qui paraît insoluble à cause de l'habitude que nous avons de tout rapporter à nos vues terrestres, peut se résoudre facilement si l'on se base sur ce principe que la forme des êtres est en rapport avec le milieu où ils sont appelés à vivre.

Partant de là, on peut dire que de même que l'homme a des organes matériels affectés à la matière, l'Esprit a des organes fluidiques affectés à la spiritualité. Les fluides au milieu desquels il se meut sont soumis à son empire comme la matière est soumise à l'empire de l'homme. Et comme la matière a sa source dans le fluide universel, l'Esprit est d'autant plus supérieur à l'homme que *c'est l'Esprit et non l'homme qui gouverne la matière* (1).

Quant à la forme en elle-même on peut dire que l'Esprit est un foyer d'intelligence, ou âme, revêtu d'une enveloppe semi-matérielle ou fluidique, susceptible de se modifier suivant son désir, au point qu'il peut prendre toutes les formes, revêtir toutes les apparences ; et comme le périsprit ou corps spirituel a également sa source dans le fluide universel, dont il est une transformation, l'Esprit peut le modifier, le condenser, l'assimiler aux régions qu'il parcourt, le rendre visible et même tangible pour les habitants des mondes matériels. Telle est la théorie du phénomène des apparitions, si souvent mis en doute avant la révélation spirite, et qui trouve son explication *dans les propriétés fluidiques du périsprit* (2).

Nous venons de dire que le périsprit a sa source

---

(1) Cette simple considération montre combien le travail de l'homme est secondaire.

(2) Jusqu'à présent la matière était connue sous trois états différents : solide, liquide, gazeux. William Crookes a démontré qu'elle possède un quatrième état qu'il a appelé *radiant*. Cette découverte servira bientôt à mettre la science sur la voie du phénomène des apparitions fluidiques, vaporeuses ou tangibles. — Voyez W. Crookes. *Recherches sur les phénomènes spirites;* Eugène Nus : *Choses de l'autre monde*.

dans le fluide universel et que celui-ci est le principe de la matière. Cette proposition étonne au premier abord, et pourtant rien n'est plus exact. — Les minéraux, les végétaux, les animaux, l'homme, le globe terrestre tout entier, tout cela n'était à l'origine qu'une masse de fluides. Bien plus, non seulement la terre, mais toutes les planètes de notre système avec leurs satellites ne formaient avec notre soleil lui-même qu'une immense nébuleuse fluidique, laquelle, à une certaine époque, n'existait pas. Cependant bien avant l'apparition de notre soleil, bien avant l'époque où il a commencé les évolutions de la vie planétaire, de splendides soleils illuminaient l'éther ; déjà des planètes habitées donnaient la vie et l'existence à une multitude d'êtres ; les productions opulentes d'une nature inconnue et les phénomènes merveilleux du Ciel développaient sous d'autres regards le tableau de l'immense création.

Ces merveilles qui, dans le cours des âges innomés, ont fait palpiter le cœur de nos aînés du ciel, sont nées au sein des vides infinis d'après les mêmes lois qui régissent notre système solaire; car, a dit Képler, Dieu étant une intelligence unique, le caractère des lois qu'il a données à l'univers doit être l'unité. Voici un aperçu de la théorie qui sert de base aujourd'hui à la science, et dont la découverte est due à l'illustre Laplace (1).

Il est un fluide subtil qui remplit l'espace et pénètre les corps (2); ce fluide, c'est l'éther ou matière cosmique primitive, génératrice des mondes et des êtres. A l'éther sont inhérentes les forces qui ont présidé aux métamorphoses de la matière, les lois immuables et nécessaires qui régissent les mondes. Ces forces multiples, indéfiniment variées suivant les combinaisons de la matière, localisées suivant les masses, diversifiées dans leurs modes d'action suivant les circonstances et les milieux, sont connues sur la terre sous les noms de pesanteur, cohésion, affinité, attraction, magnétisme, électricité; les *mouvements vibratoires* de l'agent sous ceux de son, chaleur, lumière, etc. En d'autres mondes, elles peuvent se présenter sous d'autres aspects, offrir d'autres caractères inconnus aux habitants de la terre, et dans l'immense étendue des cieux, un nombre indéfini de forces a pu se développer

---

(1) De tous les systèmes mis en avant, celui-ci paraît le plus certain d'après les expériences de M. Plateau.
(2) Voyez Allan Kardec, *Genèse*, ch. 6.

sur une échelle inimaginable. Mais de même qu'il n'y a qu'une seule substance simple, primitive, génératrice de tous les corps, mais diversifiée dans ses combinaisons, de même toutes ces forces dépendent d'une loi universelle diversifiée dans ses effets, que l'on trouve à leur origine, et qui, dans les décrets éternels, a dû être souverainement imposée à la création pour en constituer l'harmonie et la stabilité permanente.

Revêtue des lois mentionnées ci-dessus, et de l'impulsion initiale (1) inhérente à sa formation même, la matière cosmique donna successivement naissance à des tourbillons, à des agglomérations de ce fluide diffus, à des amas de matière nébuleuse qui se divisèrent eux-mêmes et se modifièrent à l'infini pour enfanter, dans les régions incommensurables de l'étendue, divers centres de créations simultanées ou successives. En raison des forces qui prédominèrent sur l'un ou sur l'autre, et des circonstances ultérieures qui présidèrent à leurs développements, ces centres primitifs devinrent les foyers d'une vie spéciale; les uns moins disséminés dans l'espace et plus riches

(1) Cette impulsion initiale n'est autre chose que l'action divine.

en principes et en forces agissantes commencèrent dès lors leur vie astrale particulière; les autres occupant une étendue illimitée, ne grandirent qu'avec une extrême lenteur, ou se divisèrent de nouveau en d'autres centres secondaires (1).

La matière cosmique primitive renfermait les éléments matériels, fluidiques et vitaux de tous les univers qui déroulent leurs magnificences devant l'éternité. Elle n'a point disparu, cette substance d'où proviennent les sphères sidérales; elle n'est point morte, cette puissance, car elle donne incessamment le jour à de nouvelles créations, et reçoit continuellement les principes reconstitués des mondes que le temps dépouille de leurs éléments matériels (2).

Or, il arriva qu'en un point de l'univers, perdu parmi les myriades de mondes, la matière cosmique se condensa sous la forme d'une immense nébuleuse (3). Cette nébuleuse était animée des lois universelles qui de toute éternité régissent la matière; en vertu de ces lois, et notamment de la

(1) De là l'immense variété des mondes, soit fluidiques, soit matériels, et de leurs modes d'habitabilité. V. *La clé de la vie.*
(2) Les mondes matériels doivent s'épurer et rentrer dans la catégorie des mondes fluidiques.
(3) Sous l'action des Esprits créateurs.

force moléculaire d'attraction, elle revêtit la figure d'un sphéroïde, la seule que puisse revêtir primitivement une masse de matière isolée dans l'espace.

Le mouvement circulaire, produit par la gravitation rigoureusement égale de toutes les zones moléculaires vers le centre, modifia bientôt la sphère primitive pour la conduire, de mouvements en mouvements, vers la forme lenticulaire. Nous parlons de l'ensemble de la nébuleuse.

De nouvelles forces surgirent à la suite de ce mouvement de rotation : la force centripète et la force centrifuge; la première tendant à réunir toutes les parties au centre, la seconde tendant à les en éloigner. Or, le mouvement s'accélérant à mesure qu'elle approche de la forme lenticulaire, la force centrifuge, incessamment développée par ces deux causes, prédomina bientôt sur l'attraction centrale. Remarquons en passant cette prédominance de la force centrifuge : elle est la clef de plus d'un mystère (1). Sa première action fut de détacher le cercle équatorial de la nébuleuse, et former de cet anneau une nouvelle masse isolée

(1) C'est la force centrifuge qui aidera au dépouillement des mondes matériels et les amènera à la fluidité pure.

de la première, mais néanmoins soumise à son empire. L'égalité de densité des différentes parties de cet anneau ayant plus tard été détruite, il se rompit et s'arrondit en une sphère plus petite que la masse originelle ; sous l'influence de la gravitation, cette sphère a conservé son mouvement équatorial qui, modifié, devient son mouvement de translation autour de l'astre générateur. De plus, son nouvel état lui donne un mouvement de rotation autour de son propre centre (1).

La nébuleuse génératrice, ou soleil, qui donna naissance à ce nouveau monde, s'est condensée et a repris la forme sphérique ; mais la chaleur primitive, développée par ces mouvements divers, ne s'affaiblissant qu'avec une extrême lenteur, le phénomème que nous venons de décrire se produira souvent et pendant une longue période, tant que cette nébuleuse ne sera pas devenue assez dense, assez solide, pour opposer une résistance efficace aux modifications de forme que lui imprime successivement son mouvement de rotation. Elle n'aura donc pas donné naissance à un seul astre, mais à un grand nombre de mondes détachés du foyer central, issus d'elle par le mode de formation

---

(1) Ce sont ses deux mouvements principaux.

mentionné plus haut. Chacun de ces mondes donnera naissance à son tour à un ou plusieurs satellites d'après la même loi. Les planètes sont ainsi formées de masses de matière condensée, mais non encore solidifiée, détachées, en cercle d'abord, de la masse centrale par l'action de la force centrifuge dominant la force centripète, et prenant ensuite, en vertu des lois du mouvement, la forme sphéroïdale plus ou moins elliptique, selon le degré de fluidité qu'elles ont conservé.

Telle est l'origine de la Terre, qui avant d'être refroidie et revêtue d'une croûte solide, a donné naissance à la Lune, par le même mode de formation astrale auquel elle doit sa propre existence (1).

Il en est de même des autres planètes, Mars, Vénus, Mercure, qui n'ont pas produit de satellites; Jupiter, 1,400 fois plus volumineux que la Terre en a produit quatre, Uranus huit, et Neptune un. Quant à Saturne, après avoir donné naissance à huit satellites par des anneaux rompus successivement, il arriva que de nouveaux cercles échappés de son équateur restèrent en position et se solidifièrent comme la masse dont ils dépendent. Le système de Saturne est la confirmation de la

(1) Nous ne donnons ici que la théorie scientifique.

théorie de Laplace, théorie qui donne une idée assez juste des phénomènes du même genre qui ont dû s'accomplir de toute éternité au sein des déserts de l'espace.

Mais la nébuleuse génératrice s'étant condensée, s'est-elle contentée de tourner sur elle-même, et n'existe-t-il aucune force la rattachant aux autres soleils ses frères?

Jusqu'au seizième siècle, c'est-à-dire jusqu'à Copernic, on avait cru, guidé par les faits apparents (1), que le soleil tournait autour de la terre, et que celle-ci était immobile au centre de l'univers : tel était le système de Ptolémée, en honneur depuis le deuxième siècle de notre ère. Copernic le renversa et construisit celui sur lequel la science s'appuie aujourd'hui. Ce système place le soleil au centre du tourbillon, et, sans entrer dans la question de la formation des planètes, résolue plus tard par Laplace, fait décrire à celles-ci des orbes autour de l'astre radieux. Comme on le voit, ce système est l'opposé de celui de Ptolémée.

Au dix-septième siècle Galilée, à l'aide du téles-

---

(1) En toutes choses les apparences sont trompeuses ; le spiritisme vient le démontrer pour la réincarnation...

cope, découvre les satellites de Jupiter et calcule leurs révolutions; il reconnaît que les planètes n'ont pas de lumière propre, mais qu'elles sont éclairées par le soleil, en un mot que ce sont des sphères semblables à la terre. La science astronomique dès lors était fondée; d'illustres savants tels que Képler, Newton, Laplace, confirmant les travaux de leurs devanciers par de nouvelles découvertes, l'assirent définitivement (1).

Aujourd'hui, grâce à ces hommes de génie, nous savons que notre soleil n'est qu'une étoile de la voie lactée, et que, quoique centre par rapport aux planètes (2), il n'est point fixe au fond des Cieux, mais qu'il accomplit un mouvement formidable, et qu'il s'avance dans l'espace, entraînant avec lui son cortège de planètes, en compagnie peut-être d'autres soleils avec lesquels il vogue

---

(1) Voyez Flammarion : *La pluralité des mondes habités;* l'abbé Pioger : *Le dogme chrétien devant la pluralité des mondes habités.* Dans ce dernier ouvrage on trouve à la page 415 la reproduction textuelle de la page 23 du *Livre des Esprits* d'Allan Kardec, ce qui montre le progrès que font les idées spirites.

(2) Le soleil est par conséquent l'étoile la plus voisine de nous, nous n'en sommes éloignés que de 38 millions de lieues; l'étoile, ou pour mieux dire le soleil qui vient ensuite, est à plus de 200 mille fois cette distance. Les étoiles ne sont donc pas précisément les unes à côté des autres!!!

de concert sous la direction plus ou moins immédiate d'un soleil commun (1).

Ce serait ici le lieu d'examiner si notre soleil a toujours brillé de l'éclat que nous lui connaissons, ou s'il n'a acquis cet éclat qu'après la formation des planètes. Sur ce sujet les avis sont partagés. Dans le premier cas le soleil finirait par s'éteindre; dans le second, il deviendrait de plus en plus lumineux. La science paraît pencher pour la première hypothèse; cependant l'analogie peut conduire à un résultat tout opposé.

Cette question est soulevée à propos de la « Genèse » qui dit que Dieu « *fit* » le soleil le « quatrième jour (2). » S'il est démontré que la lumière s'est concentrée peu à peu sur l'astre générateur, Moïse a eu raison, car ce ne serait que vers la « quatrième époque » que la nébuleuse primitive serait devenue soleil. Il semblerait que Moïse l'entendait ainsi, car il ajoute : Et Dieu fit aussi les étoiles (3). Or puisque les étoiles sont autant de soleils, la lumière qui les « *fit* » daterait

---

(1) La hiérarchie se poursuit ainsi jusqu'à Dieu, centre des centres, et Soleil de l'univers sidéral.

(2) On sait que les « jours » mosaïques sont des époques d'une durée indéterminée.

(3) *Genèse*, ch. 1, v. 16.

de la même époque, du moins pour celles de la même agglomération (1). L'avenir décidera; en attendant, méfions-nous de la « lettre, » et revenons au périsprit semi-matériel et à ses propriétés fluidiques, telles que nous les ont fait connaître les Esprits eux-mêmes.

Le périsprit, enveloppe fluidique, se modèle sur l'Esprit, ou pour mieux dire est modelé par l'Esprit; et il est d'autant plus pur que l'Esprit est plus dégagé; en d'autres termes, le périsprit est d'autant plus léger que l'Esprit s'élève davantage. Bien plus pur que la matière, le périsprit est le reflet, le miroir de l'âme; c'est lui qui garde l'empreinte bonne ou mauvaise des désirs et des aspirations de l'Esprit. Suivant sa volonté, l'âme, par son travail, par sa paresse, acquiert toujours, dans le milieu où elle se plaît, soit effluves spirituelles, aspirations vers l'infini, activité créatrice, action plus directe émanée de Dieu, soit effluves matérielles, passionnelles, attraction des sens, besoin de commander, de dominer opposé à sa nature qui est besoin d'aimer; et elle entraîne naturellement avec elle cet acquis bon ou mauvais

(1) Dieu émet les mondes comme les Esprits, par millions à la fois.

qui reste imprimé sur son périsprit, soit qu'elle grandisse pour le bien, soit qu'elle s'allie au mal par ses attachements volontaires (1).

Le principe émané de Dieu acquiert donc, en vertu de sa volonté, science et passions, amour et égoïsme, et en vertu de sa liberté, *il crée les formes dans lesquelles il se plaît*. En vertu de son origine spirituelle, il est attiré vers le bien ; mais il a, comme équilibre, la possibilité de faire le mal, *vers lequel le pousse l'attraction matérielle de son périsprit*. L'âme doit toujours commander. Elle ne peut puiser les éléments de bonheur que dans les fluides supérieurs où elle peut atteindre facilement *par l'épuration de son périsprit*, qui lui-même est une chaîne pour elle, chaîne plus ou moins lourde dont elle doit chercher à s'alléger, en se dépouillant de plus en plus des éléments grossiers, des tendances malsaines, des aspirations sensuelles qui, si elle s'y attache, retardent son arrivée au point culminant, l'état de pur Esprit.

Le périsprit est le moule de l'âme ; c'est un livre dans lequel elle peut toujours lire, car ses aspira-

---

(1) La violence des passions amène quelquefois une perturbation tellement grande dans la constitution du périsprit, que la désagrégation en devient possible. Cette chute profonde, rare

tions, bonnes ou mauvaises, son passé cause de bonheur ou de malheur, tout cela y reste comme imprimé en vertu même de sa constitution fluidique.

Les périsprits sont, de leur nature, immensément variables ; il n'en est pas deux qui se ressemblent, comme il n'est pas de figure ressemblant à une autre figure. Dans le monde des fluides, il existe autant de diversité que dans le monde matériel au milieu duquel nous nous agitons. Ces fluides de toute nature composent le périsprit, le modifient, le transforment, lui apportent qualités ou défauts *suivant que l'âme agit pour le bien ou pour le mal.* Ces fluides, périsprités, agglomérés, condensés, ont des qualités qui leur sont propres, une cohésion particulière, d'autant plus lourde, plus compacte, que l'âme qui les revêt est elle-même plus faible en volonté (1).

Dans les mondes où domine la matière, les fluides sont imprégnés de passions, d'attractions

---

il est vrai, fait perdre à l'Esprit tout son acquis, et le replace au point initial de la vie spirite. C'est une espèce de folie spirituelle, dont la folie humaine, produite par des émotions violentes, peut donner une idée.

(1) Les faits récents de subjugation et de fascination par l'hypnotisme montrent ce que devient une volonté faible en face d'une volonté puissante.

qui ne parlent qu'aux sens grossiers, et l'âme qui se plaît dans ce milieu, y puise les éléments qui peuvent lui faire sentir, *par son périsprit*, les jouissances qu'elle rêve. De même que les sentiments qui nous animent se reflètent sur notre visage, de même aussi les passions de l'âme s'impriment sur le périsprit, et le composent à son image. Les passions, les désirs, les aspirations moulent cette enveloppe fluidique que compose l'Esprit *et que celui-ci emporte avec lui lorsqu'il s'incarne.* C'est sur cette enveloppe que se répercutent nos passions bonnes ou mauvaises. Tout ce qui frappe l'âme violemment *se traduit sur le périsprit;* et même pendant le sommeil du corps, l'Esprit, qui lui, ne dort jamais (1), retrouve sur ce moule l'effet produit par les secousses plus ou moins violentes que nous ressentons à l'état de veille : de là les images des rêves de la nuit (2), de là surtout les tableaux plus ou moins sombres que le périsprit présente à l'âme à son départ de la terre selon les actes qu'elle a accomplis pendant son incarnation (3).

(1) Voyez la note page 19.
(2) Telle est la cause de la différence qui caractérise les rêves de l'enfant de ceux de l'adulte.
(3) C'est la théorie des *mouvements vibratoires* appliquée aux

Mais lorsque l'Etincelle grandit, lorsque l'Ame s'élève au-dessus des jouissances matérielles, lorsque l'Esprit, en un mot, s'approche de la perfection, il appelle, de par sa volonté, les fluides épurés, il puise dans un milieu plus éthéré le vêtement nécessaire, et alors il ne ressent plus qu'attractions célestes, *il plane en se dégageant des couches profondes où grouille la mort*; le beau et le bien deviennent son idéal, et il finit par atteindre les sphères élevées où la matière n'a plus de raison d'être, où les aspirations éternelles sont la nourriture fluidique de l'Ame arrivée à ce point.

L'Esprit dévoyé, ainsi que le représente la sublime parabole de l'Enfant prodigue (1), a pris le chemin le plus accidenté, le plus douloureux; il a cru, *guidé peut-être par un sentiment d'orgueil*, que par le fruit de l'arbre de la science terrestre il deviendrait *dieu* plus tôt, et sur son désir la terre lui a donné asile; son périsprit s'est alourdi et la mort spirituelle s'en est suivie. Incarné, la matière lui a fait commettre de nouvelles fautes vis-à-vis de ses frères, vis-à-vis de lui-même, vis-à-vis de

---

actes moraux, et dont la volonté est l'agent conducteur par les fluides plus ou moins purs qu'elle dégage.

(1) Luc, ch. xv.

7

Dieu; seulement les fautes ont été suivies de la réprimande, et s'il comprend qu'il a fait fausse route, il est libre.

Rentré dans la vie spirituelle, il voit que ses souffrances lui ont fait comprendre le faux de la matière; quoique simple, ignorant, l'Esprit, dont le périsprit ne lui présente rien à expier, *dont les attractions terrestres sont nulles*, dont la forme fluidique ne reflète rien de contraire à la Beauté Éternelle, l'Esprit, grâce aux souffrances qu'il a endurées, grâce à toutes les aspirations matérielles qui ont été maîtrisées, grâce aux plaisirs du monde qui lui ont peut-être manqué, grâce, en un mot, aux prétendus malheurs qui ont été son lot, et en vertu de la promesse faite par le Christ : « Heureux ceux qui pleurent, car ils seront consolés (1) », l'Esprit, après avoir traversé cet Enfer terrestre, *a reconquis la liberté qu'il avait de grandir, de travailler dans l'immensité* (2).

Il rentre parmi les phalanges célestes et immortelles plus grand peut-être qu'il en était sorti, parce que ayant mis à profit les enseignements de

---

(1) Mathieu, ch. v, v. 4; Luc, ch. vi, v. 21.
(2) C'est ce que symbolise admirablement dans la Bible la conquête de la Terre promise!

sa conscience, ayant pratiqué la loi d'amour, *ayant recomposé son périsprit* dans les tribulations de la vie matérielle, il est désormais invulnérable, et aucune chute ultérieure n'est plus à craindre. Les splendeurs de l'infini pourront maintenant se présenter à ses regards éblouis ; libre de tout souci matériel, il gravitera vers Dieu sans entraves, et deviendra dès lors un des piliers de l'édifice céleste. Les missions dont il sera chargé le trouveront ferme et à l'abri de toute défaillance, car il est écrit : *Celui qui vaincra héritera toutes choses ; je serai son Dieu et il sera mon Fils* (1). »

Les considérations médianimiques qui vont suivre, nous montreront cet idéal divin puisé à sa source même, c'est-à-dire dans la parole des Esprits protecteurs que Dieu a chargés d'éclairer le monde (2).

(1) *Apocalypse*, ch. XXI, v. 7.
(2) Les Esprits viennent, à la suite des Prophètes et des Apôtres, rappeler aux hommes les lois divines que le temps a altérées, ou les vérités célestes que l'intelligence peut porter. — Toutes les religions ont eu leurs Révélateurs, et la Bible, à qui certains indianistes systématiques prêtent une *origine* indoue, prouve que le souffle divin n'a jamais fait défaut à l'humanité, puisque, au dire même de ses plus cruels ennemis, les préceptes que Moïse est censé avoir recueillis auraient civilisé l'Inde antique bien avant de se répandre chez les autres peuples. Double motif à notre vénération, n'en déplaise à M. Louis Jacolliot.

Le *Pentateuque*, en effet, n'est pas divin parce qu'il est hébreu, l'*Iliade* sublime parce qu'elle est grecque, les *Védas* admirables parce qu'ils sont indous; la légende de la chute n'est pas une vérité parce qu'elle est d'origine sacrée ou d'origine profane. — Non; en Religion c'est l'*esprit*, avant tout, qu'il faut considérer, qu'il s'agisse de Moïse, de David, ou d'Isaïe; de Zoroastre, d'Homère ou de Pythagore; de Vyâsa, de Bouddha ou de Confucius; de Mahomet, de Luther ou de Swedenborg. — Ainsi doit-il en être vis-à-vis des Livres médianimiques modernes, qui sont la continuation de l'OEuvre, de plus en plus lumineuse, de l'Esprit de Vérité.

CHAPITRE VI

CONSIDÉRATIONS MÉDIANIMIQUES

La Révélation spirite vient ouvrir à l'intelligence humaine le plus vaste horizon qui lui fut jamais permis d'entrevoir. Par leurs manifestations universelles, les Esprits soulèvent peu à peu le voile qui nous cachait la vérité, et bientôt l'homme pourra lire ouvertement dans le grand livre de l'infini.

Malgré les tâtonnements inévitables dans une œuvre si grandiose, malgré l'opposition qui lui a été faite, le spiritisme sort triomphant de la lutte qu'il a engagée avec les préjugés et les erreurs accumulées. Sa mission, toute d'amour et de lumière, vient à point, dans ce siècle de scepticisme, pour dissiper tout malentendu, et réunir les âmes dans un sublime *sursum corda!*

La fraternité, la liberté et l'égalité sont à jamais fondées sous son règne de paix et d'harmonie, car à lui seul appartient le sceptre de la justice, lui seul apprend à l'homme ce qu'il est, d'où il vient, où il va, lui seul comble les désirs et les aspirations des cœurs avides de spiritualité et d'immortalité.

Lisez les livres révélés par voie médianimique, et dites s'il fut jamais donné à l'homme de pénétrer plus avant dans les arcanes célestes.

Soit que l'on ouvre les livres précurseurs de Pierre-Michel Vintras, de Louis de Tourreil, ou de Louis-Michel de Figanières, soit que l'on médite les ouvrages fondamentaux d'Allan Kardec ou de J.-B. Roustaing, l'esprit reste ébloui en face de cette lumière divine qui vous inonde de toutes parts.

Partout, en effet, l'espérance, cette fille du Ciel, vous réjouit et vous console. Ce n'est plus cette doctrine désespérante du matérialisme qui flétrit tout ce qu'elle touche, empoisonne et dessèche le cœur; ce n'est pas non plus cette religion étroite qui cherche à faire de l'homme l'esclave de son semblable, mais bien cette noble libre pensée religieuse reliant la terre au ciel, par l'essor généreux de toutes les aspirations de l'âme.

Que cherche l'homme ici-bas? A quoi tendent ses efforts, sinon au bonheur? Mais les biens matériels peuvent-ils combler le vide de son cœur? Ne sentons-nous pas, qu'au delà de la terre, il y a quelque chose?

Aussi, voyez combien, depuis le commencement de ce siècle, la science astronomique a pris d'extension. Il semble que l'homme, guidé par un sentiment dont il n'est pas le maître, trouve la terre trop étroite, et qu'à mesure que son intelligence grandit, son regard veuille sonder les abîmes de l'infini! Ah! c'est qu'il est attiré, malgré lui, vers ces sphères célestes où des humanités-sœurs lui tendent la main, il sent que bientôt, à son tour, il s'élancera vers ces rivages fortunés où le bonheur l'appelle.

Quel est donc cet aimant souverain, quelle est donc cette puissance invincible forçant l'homme, en dépit même du sceptisisme, à fixer ses regards vers les Cieux? Cette puissance, cet aimant, *c'est la voix de nos chers Invisibles* qui vient nous souffler au cœur toutes les pensées nobles et généreuses.

Ecoutez l'inspirateur de Louis Michel (1) :

« L'homme renouvelé a repris possession de son
« domaine spirituel d'où l'ignorance le tenait éloi-
« gné. Il a appris à lire en toute chose la loi de
« Dieu écrite partout. Il la voit fonctionner dans les
« mondes, sur la terre, dans la nature, dans son
« corps; il la goûte et y conforme ses actions; il
« se connaît lui-même. Armé de la lunette spiri-
« tuelle (2), l'homme voit ce qui, jusqu'à ce jour,
« avait échappé à la presque totalité des Esprits
« de notre pauvre planète. Il voit clairement la
« vérité. Il est mis à même de se rendre compte de
« ses intérêts les plus chers, *des intérêts de son âme.*
« Éclairé sur ce point capital, il dirige avec plus
« d'intelligence et de meilleurs résultats, mais
« sans recherches superflues, les soins apportés à
« son enveloppe matérielle. Il a appris d'où il
« vient, où il est, enfin, *où il est susceptible d'aller.*

« L'homme régénéré a résolu le problème de
« l'accord entre la prescience et la bonté de Dieu.
« Il sait l'éternité des *peines* (3) incompatible avec
« les conditions nécessaires d'existence d'un Dieu

---

(1) Michel de Figanières : *La Clé de la vie*, vol. 1.
(2) La médiumnité.
(3) Les « peines » sont les tribulations des mondes matériels.

« qui ne peut rien perdre, aucun de ses mondes,
« aucun de ses enfants, incapable de châtier, mais
« occupé sans cesse à épurer tout, à utiliser tout,
« à conserver tout, à tout perfectionner, *laissant
« s'éloigner de lui l'âme humaine* et proportionnant,
» au retour, la récompense aux épreuves subies.

« Cette lumière qui éclaire l'homme et l'inon-
« dera bientôt, le console au milieu des inévitables
« douleurs de toute espèce, physiques et morales
« de son temps d'épreuves; mourir n'est plus pour
« lui mourir: c'est se transformer, c'est renaître;
« il le sait. La mort est devenue à ses yeux le seuil
« du vaste empire harmonieux entrevu par son
« esprit, conquis par les souffrances de sa vie
» terrestre, et d'où son corps matériel était la
« seule barrière qui le tînt momentanément sé-
« paré.

« Dégagé des nuages de l'erreur, l'homme spi-
« rituel aperçoit clairement devant lui les deux
« voies en face desquelles sa raison pouvait jadis
« tout au plus hésiter un instant avant de se trom-
« per (1). Guidé par le phare divin, il ne ba-
« lance plus devant le sentier du bien; il le voit

(1) La voie du bien et celle du mal.

« distinct, lumineux et facile, le suit pendant sa
« vie, et ne saurait le manquer à sa transforma-
« tion (1).

« Des lois immuables président à l'accomplis-
« sement de la vie universelle. Elles constituent
« le code de Dieu, grand et simple comme lui. Une
« seule loi, la loi ascendante, le résume tout en-
« tier; c'est la grande loi du progrès qui a pour
« but d'amener tout à la sublime perfection dont
« l'Être suprême est l'Archétype.

« La loi *ascendante* engendre la loi d'*attente*, et
« la loi *descendante*, comme la lumière produit,
« par négation, l'obscurité et les ténèbres.

« Tous les mondes, tous les êtres tendent à
« s'élever pour obéir à la volonté de Dieu ; c'est
« la loi ascendante. Certains s'arrêtent en route,
« retenus par des obstacles insurmontables à leurs
« forces seules; stationnaires, incapables d'avancer
« ou de reculer, ils sont sous la loi d'attente.
« D'autres, enfin, se trompent, faiblissent, décli-
« nent en valeur et prennent la voie mauvaise; ils
« obéissent à la loi descendante.

« Il est une loi primordiale divine aboutissant

---

(1) La mort n'est qu'une transformation.

« directement à l'exécution de la loi ascension-
« nelle et dont le nom seul indique l'importance :
« *la loi d'attraction et d'amour.*

« Par l'amour, véritable don de Dieu, les âmes
« s'attirent, s'épurent, fusionnent, s'élèvent,
« se dévouent en s'approchant de lui. Unies par
« l'amour, elles peuvent tout; sans l'amour, elles
« s'écartent, se divisent, *s'affaiblissent, se détério-*
« *rent* et *descendent.*

« Les âmes en quittant la voie du bien (1), se
« préparent des souffrances sans nombre. A me-
« sure qu'elles descendent, par transformation,
« dans un monde plus mauvais que celui où elles
« ont vécu, il leur faut plus d'énergie pour choisir
« la voie ascendante, d'autant moins facile à dis-
« tinguer que l'on est placé plus bas. Ces âmes
« dégradées arrivent ainsi, *de chute en chute*, aux
« mondes situés dans les brouillards de la voirie
« compacte (2).

« Les êtres mauvais, en agissant selon leur na-
« ture, s'attellent à reculons à la loi de Dieu. Ins-
« truments *volontaires* de leurs malheurs et des
« peines des autres, ils travaillent, en réalité, à

---

(1) La voie lumineuse où les Esprits sont placés au début.
(2) La *géhenne* de l'Évangile.

« constituer, à leurs frais, leur bonheur futur,
« grâce aux tortures de leur sombre existence ; ils
« donnent du prix, en même temps, aux épreuves
« subies par leur intermédiaire. Justifiant, en effet,
« le père de l'enfant prodigue, Dieu tue, comme
« ce père, le veau gras pour célébrer le retour
« de l'enfant égaré, et n'abandonne jamais l'homme
« son coopérateur éternel dans la grande œuvre
« des mondes.

« Dans les mondes compacts du dernier ordre,
« dans les mondes d'épreuves, enfermée dans une
« prison matérielle, *providentiellement engourdie*
« en proportion de son malheur, l'âme s'y trahit,
« néanmoins, à l'œil de l'esprit, quelque dégradée,
« quelque mauvaise que soit sa nature, par des
« aspirations, des élans, des éclairs où l'on re-
« connaît, à des degrés divers, la lueur du bon,
« du beau, du vrai et du juste, la raison parfois,
« l'ordre, le jugement et l'intelligence réelle, et
« toujours une conscience telle quelle, joie ou
« remords, et les facultés plus ou moins effacées
« du prototype divin méconnu de l'unité hu-
« maine.

« Notre planète, une des plus élevées dans la
« catégorie des mondes d'épreuves, nous fera

« comprendre ce que peuvent valoir les autres (1).

« Sans nous étendre sur l'incohérence générale
« dont elle nous offre, de nos jours encore, le tableau
« physique et moral, il nous suffira, pour nous
« créer un idéal approchant de ces horreurs, de
« nous reporter en arrière, dans les siècles passés,
« à l'esclavage, de nos temps, aux pays à esclaves,
« aux époques marquées par le servage, la féoda-
« lité, l'inquisition, les guerres religieuses, âges
« malheureux dont l'allure subversive est mise en
« lumière par les comparaisons d'un présent si
« peu enviable néanmoins, et si susceptible de pro-
« grès, mais où se montre toujours la sollicitude
« paternelle de la Providence.

« Dieu voit le présent, le passé et l'avenir. Il
« connaît d'avance la carrière de chacun de nous.
« Il connaît la fin nécessaire, rapprochée ou loin-
« taine, où nous arriverons tous, *sans exception*,
« consistant à atteindre la complète perfection lu-
« mineuse d'amour, après avoir reçu, pour ce
« dessein, l'arme du libre arbitre, et des lumières,
« pour la manier, en rapport complet avec nos
« mérites.

(1) On peut juger de la déchéance d'une humanité, d'après les abominations qu'elle commet.

« Nous ne sommes pas tous destinés, par suite
« des caractères divers et combinés dont nous
« portons l'empreinte, à parvenir au but de la
« même manière. Les uns l'atteignent à la suite
« de quelques épreuves, d'autres après un plus
« grand nombre, d'autres, enfin, après des temps
« illimités, avec des peines infinies. Mais chacun
« de nous est armé de son libre arbitre, *son gouver-*
« *nail à travers tous les périls*, et le mérite est
« proportionné au nombre, à la valeur, à la durée
« des épreuves subies, et partant la récompense
« au mérite. Peut-on comprendre autrement le
« retour de l'enfant prodigue célébré avec plus de
« joie que la sagesse de son frère, le retour du
« pêcheur converti accueilli avec plus de trans-
« ports que la persévérance des justes !

« Ainsi se trouvent en parfait accord la pre-
« science de Dieu, sa bonté, sa justice, le libre
« arbitre de l'homme, ses épreuves, son mérite,
« sa récompense ! »

La question du bien et du mal placée en face de la prescience de Dieu et du libre arbitre de l'homme a toujours été une des plus controversées. Tous les philosophes, tous les penseurs se sont ingéniés pour en donner une solution digne à la fois de la liberté humaine et de la bonté divine. Nous la trouvons pleinement résolue dans le livre précurseur de Louis de Tourreil (1) :

« Si Dieu était intervenu régulièrement pour
« préserver l'homme de l'erreur et de l'injustice,
« l'homme n'aurait plus été libre, puisqu'il n'aurait
« pu faire que le bien, et encore sans le compren-
« dre. C'eût été alors absolument comme si Dieu
« l'avait conduit lui-même et avait agi à sa place.
« Dispensé de l'erreur, l'homme aurait été dis-
« pensé de l'expérimentation, parce que l'expé-
« rimentation l'eût exposé à se tromper et à tom-
« ber dans le mal. Dispensé de l'injustice, il eût
« été également dispensé d'agir selon sa propre
« impulsion, parce qu'elle aurait pu être injuste.
« Toutes ses actions eussent donc été contraintes,
« machinales. Sa volonté, ses passions auraient
« été réglées de manière à exécuter toujours for-
« cément la volonté de Dieu, sans raisonner. En
« un mot, ignorant le bien et le mal, n'expéri-
« mentant rien par lui-même, obéissant toujours
« aveuglément à l'impulsion de Dieu sans déter-
« mination ni désirs propres, l'homme dans cet

---

(1) Louis de Tourreil : *Religion fusionienne*, vol. II, ch. v.

« état, comme dans l'état où Dieu l'aurait fait
« naître avec toute la sagesse nécessaire pour
« éviter le mal, n'eût certainement pas existé.
« Pour que l'homme existe, il faut qu'il soit doué
« de la faculté de sentir, de connaître, de rai-
« sonner, de désirer, de vouloir, de s'éclairer suc-
« cessivement dans le bien et le mal, en vertu de
« sa propre liberté (1).

« Malgré cela *on ne peut pas dire que le mal*
« *soit nécessaire*, en ce que, par lui-même, il n'est
« pas quelque chose de substantiel, de réel ; il
« n'est rien. Avant d'être manifesté et ressenti
« par l'homme, le mal n'a point de prototype
« comme le bien ; il n'existe pas ; tandis que le
« bien est réel et éternel. Aussi par cela même
« que le mal n'a pas de corps, qu'il n'est point un
« être, mais la négation, dans une certaine me-
« sure, de l'être, il peut à l'inverse du bien, dont
« le mode est unique, se produire d'une infinité
« de manières différentes. Sa raison d'être est en-
« tièrement subordonnée au dérangement possible
« des éléments constitutifs d'un individu. Il faut
« qu'il se produise un certain trouble chez l'être

---

(1) C'est-à-dire en pratiquant le bien et en évitant le mal.

« pour que le mal existe. Mais ce trouble n'est
« point déterminé par une loi inévitable. Il n'ar-
« rive donc point nécessairement à une heure
« fixe : *il n'est point fatal.*

« Le mal est donc contingent : il peut être ou
« ne pas être ; arriver plus tôt ou plus tard ; avec
« telle physionomie ou telle autre sans nécessité.
« Néant avant de se manifester ; il serait égale-
« ment néant pendant qu'il se manifeste et après
« qu'il a été manifesté, si la conscience de l'être
« perturbé ne le percevait point au moment où il
« se produit, et si la mémoire n'en conservait
« point de souvenirs après (1).

» Si maintenant nous voulons admettre par une
« supposition toute gratuite que Dieu en formant
« l'homme aurait pu le remplir de la sagesse né-
« cessaire pour le préserver du mal, il est clair
« alors que cette sagesse n'eût pas été la pro-
» priété de l'homme, puisque celui-ci n'aurait rien
« fait pour l'acquérir. Si Dieu avait voulu dispen-
« ser l'homme du mal, le mal n'eût donc point

---

(1) Si l'être qui devient mauvais ne conservait pas le souvenir de son état, il est évident que le mal ne le dégraderait que passagèrement, et que la rétrogradation ne serait rien en elle-même.

« existé, conséquemment, l'homme n'ayant aucun
« objet de comparaison, aurait complètement
« ignoré le bien, et sa sagesse eût été purement
« illusoire. Privé de choisir entre le bien et le
« moins bien, et empêché fatalement de revenir
« en arrière ou de dévier de la direction imprimée,
« il eût été régi comme les corps bruts par la loi
« mathématique et se fût comporté comme eux.
« En un mot, l'homme dispensé du mal n'eût été
« qu'une machine servile, dirigée entièrement par
« la raison de son créateur, et l'œuvre universelle
« de Dieu se fût trouvée privée de sa grandeur et
« de sa sublimité (1).

« Certainement l'homme n'est pas intéressé à
« dévier de sa destinée, *mais il en dévie parce
« qu'il est actif, libre, complexe*. C'est là uniquement
« qu'est la raison de sa déviation. Comme
« être actif, il est doué d'un mouvement propre ;
« comme être libre, il jouit de la faculté de diriger
« ses mouvements et d'agir à son gré ; comme
« être complexe, il réunit en lui tout les états des

---

(1) C'est la possibilité pour l'Esprit de se mouvoir librement et de pouvoir rétrograder qui fait la beauté de l'œuvre divine. Dieu n'a créé que le bien, et l'homme a créé le mal par sa désobéissance.

« règnes inférieurs, dont il est le produit et se
« trouve sollicité diversement (1).

« Quand donc l'homme éprouve par sa faute un
« désordre quelconque, *ce désordre est une chute
« ou une rétrogradation*, vu que le mal entraîne
« l'être au-dessous de lui-même, et lui fait réaliser
« un état correspondant à l'un des modes indivi-
« duels composant la série des règnes infé-
« rieurs.

« C'est donc, parce que, d'une part, l'homme est
« actif, libre, et que, d'autre part, il est sollicité par
« les éléments inférieurs de sa nature complexe
« auxquels il obéit au lieu de s'en faire obéir,
« qu'il dévie. *S'il connaissait parfaitement sa des-
« tinée*, s'il savait comment il peut la réaliser, si
« en outre, il comprenait tout l'intérêt qu'il a de
« hâter cette réalisation, et n'abandonnait jamais
« le gouvernement de lui-même, il n'y aurait
« point de mal pour lui, attendu que Dieu ne lui a
« rien refusé de ce qu'il fallait pour se satisfaire.

(1) Cette manière d'envisager la propension de l'Esprit vers le mal est pleine de vérité, car l'Esprit individualisé, et mis en possession de son libre arbitre, a précisément pour première épreuve de résister aux entraînements de la matière dont son périsprit le rapproche.

« Voulant la fin, Dieu veut également le moyen;
« aussi l'a-t-il mis libéralement à la disposition
« des hommes. »

La révélation devant le libre arbitre soulève une objection qui se résume ainsi : « La religion naturelle suffit à la raison, donc la révélation est inutile. »

Cette objection, aussi ancienne que le monde, et qui a inspiré à Lucrèce l'idée de son poème de la Nature, est loin, quoi qu'on en dise, de satisfaire les exigences de la raison. Où serait, en effet, la sanction de la morale sans la révélation ? Le sentiment de la divinité est-il tellement imprimé au fond de toute conscience qu'il n'ait jamais faibli ? Le matérialisme et l'athéisme sont la preuve du contraire.

La révélation est donc nécessaire, et elle n'attente en rien au libre arbitre, car elle s'adresse à la raison humaine selon les circonstances, les temps et les lieux.

Voici ce que contient sur ce sujet un des livres révélés de Pierre-Michel Vintras (1) :

« Il est plus que suffisamment prouvé que toutes

(1) *Evangile Éternel*, 2ᵉ partie.

« les théogonies humaines ont cru à une révéla-
« tion : toutes sont d'accord pour confesser la jus-
« tice du Créateur, son infinie sagesse ; très peu,
« hélas ! ont osé croire à sa miséricorde, et moins
« encore à son amour !

« L'homme consciencieux trouve dans l'histo-
« rique de chaque religion-mère un accord uni-
« versel *sur le mystère dont est couverte la vie hu-*
« *maine* ; rien ne vient éclairer sa grande raison
« d'être. Partout des démonstrations phénomé-
« nales, transcendentales ou extra naturelles ;
« partout des opérations qui dominent l'opposi-
« tion plus ou moins instinctive de l'homme, et
« qui lui apprennent qu'il existe quelque chose de
« plus élevé vers lequel il lui est bon, utile et in-
« dispensable même d'atteindre.

« Partout des prophètes et des livres sacrés ;
« partout des manifestations attribuées à la puis-
« sance souveraine du Créateur se révélant à ses
« créatures *pour leur apprendre la cause de leur*
« *création, la raison de leur malheur, la nature de*
« *leurs crimes, et la miséricordieuse bonté de l'É-*
« *ternel dans les différents modes de leur expiation.*
« Partout l'homme est reconnu coupable ; partout
« l'humanité est généralement solidaire, la répa-

« ration indispensable, *la réhabilitation un es-*
« *poir* (1).

« La théologie chrétienne nous apprend, en
« feignant de le croire, que hors le Mosaïsme et
« le Christianisme il n'y a que des rêves absurdes
« et des œuvres diaboliques ; la philosophie, aussi
« absolue, accuse tout l'ensemble religieux du
« passé comme du présent d'égarements et d'im-
« postures. Les théologues et les philosophes
« commettent ensemble, bien que d'une manière
« de voir différente, la même erreur. Les premiers
« prononcent contre Dieu une accusation de fai-
« blesse et d'injustice : de faiblesse, en ce qu'il se
« laisse enlever par le « diable » la plus grande
« partie de l'humanité ; d'injustice, en ce que l'a-
« bandonnant volontairement aux puissances de
« l'erreur qui ne peuvent l'emporter sur lui que
« par sa propre volonté, il s'ensuit alors qu'il gra-
« tifie de sa vérité, de son amour, telles ou telles
« de ses créatures, tandis qu'il en destitue les
« autres selon les fantaisies et les caprices de sa
« volonté (2).

« Si, d'après la philosophie, tout est fraude et

(1) Sans la chute originelle la vie humaine est un mystère.
(2) A défaut de révélation, l'homme a sa conscience ; quand

« imposture dans la foi universelle des peuples,
« si toutes les religions ne sont basées que
« sur des mensonges et des absurdités, cette part
« qui semble se rapporter tout entière à la cupi-
« dité humaine n'en remonte pas moins comme
« un blasphème jusqu'à la sagesse et à la bonté
« de Dieu. Si Dieu ne s'est pas révélé, c'est qu'il
« n'existe pas ou qu'il n'y a aucune loi de rapport
« utile entre lui et ses créatures.

« Comme il est naturel à l'homme de croire
« qu'il doit exister un Être de qui tout émane,
« que cet Être est le seul dont relèvent toutes les
« créatures, qu'en lui seul doit résider la pléni-
« tude de toute justice et de toute raison, cet
« Être n'ayant jamais visiblement donné de lois
« aux hommes, ne leur ayant jamais manifesté
« d'ordre ni de défense, les ayant créés pour ce
« qu'ils voudraient être, ne s'inquiétant ni ne
« s'occupant de leur vie, pas plus que de leurs ac-
« tions, tout homme est maître de vivre à sa
« guise, sans ordre social, sans lois à subir, sans
« volonté à satisfaire, sans dépendance et sans

a révélation ne vient pas jusqu'à lui, il doit en chercher la
ause dans la préexistence, car Dieu est souverainement
uste. Dans ce cas la raison lui suffit.

« obligation envers qui que ce soit. Il devient
« alors semblable au tigre et au singe, au torrent
« et à la tempête ; il n'a pour le retenir que la
« force, le nombre ou la puissance des obstacles.
« Il les brise plus ou moins complètement, ou
« bien au lieu de les vaincre et de les assujettir,
« il se trouve vaincu par eux et leur est assujetti :
« guerre permanente dans laquelle tout contra-
« dicteur et toute contradiction forment un monde
« ennemi contre lequel l'homme et ses passions
« ont non seulement le droit, mais le devoir de
« lutter sans cesse.

« Sans aucun doute, toutes les religions ont
« été une cause de spéculation pour la plupart de
« ceux qui en étaient élus les économes et les ini-
« tiateurs ; les passions humaines ont de tout
« temps fait irruption dans ces grands cratères
« qu'elles ont voulu exploiter à leur profit. Mais
« il est incontestable que *chacune d'elles était basée*
« *sur une portion de vérité* émanant du Principe
« divin qui la manifestait alors *selon l'état et la*
« *condition de la société humaine qu'elle devait*
« *éclairer, prévenir, polir et perfectionner*; cette
« émanation de l'intelligence divine directrice et
« protectrice de la raison humaine, apportait na-

« turellement avec elle ses lois transformatrices,
« agrandissantes et progressives.

« Toutes ces religions qu'on trouverait si dis-
« parates, si étrangères les unes aux autres, en ne
« les étudiant pas dans leur chaîne harmonieuse
« et ne remontant point à leur source mère, loin
« de nous surprendre dans leur variété, *après avoir*
« *consciencieusement sondé leur point de départ*,
« nous contraignent d'admirer cet apparent désor-
« dre dont les différents épisodes forment un en-
« semble admirable duquel ressort l'unitaire élo-
« quence de ce grand poème universel que l'on
« peut appeler, sans exagération, le poème divin de
« l'humanité. »

C'est ce poème divin que le spiritisme vient continuer en en reliant les feuillets épars et en y ajoutant les splendeurs d'une clarté nouvelle. Il suffit, pour s'en convaincre, d'ouvrir le *Livre des Esprits* et le *Livre des Médiums* d'Allan Kardec.

Le *Livre des Esprits* que l'on regarde, à juste titre, comme le fondement de la doctrine spirite éclaire d'un nouveau jour tout ce qui a été dit jusqu'à présent sur les plus grands problèmes. La morale qui en découle est si élevée et si pure que l'abbé Lecanu, dans son *Histoire de Satan*, n'a pu s'empêcher de s'écrier: «En suivant les maximes du *Livre des Esprits* d'Allan Kardec, il y a de quoi devenir un saint sur la terre. »

Nous réunissons ci-après tous les paragraphes de cet ouvrage se rapportant à l'évolution de l'Esprit.

ÉVOLUTION DE L'ESPRIT
d'après le *Livre des Esprits* d'Allan Kardec.

« Dieu est l'intelligence suprême *cause première de toutes choses* (1).

« L'homme ne peut comprendre la nature intime de Dieu (10).

« Quand Dieu le juge utile, *il révèle à l'homme ce que la science ne peut lui apprendre* (20)[1].

« Dieu crée éternellement par sa volonté toute-puissante (21-38).

« L'univers est composé de deux éléments généraux : *l'esprit et la matière* (27).

« L'esprit est le principe intelligent de l'univers, et l'intelligence est l'attribut de l'esprit ; mais l'un et l'autre se confondent dans un principe commun (23-24).

---

(1) La connaissance de l'âme, la connaissance des fluides,

« La matière est le lien qui enchaîne l'esprit, c'est l'instrument qui le sert, et sur lequel, en même temps, il exerce son action (22).

« L'esprit et la matière sont distincts, mais il faut l'union de l'esprit et de la matière pour intelligenter la matière (25).

« Le fluide universel joue le rôle d'intermédiaire entre l'esprit et la matière ; *le principe vital en dérive* (27-65.)

« Les mondes se forment par la condensation de la matière cosmique disséminée dans l'espace ; ils renferment les germes des êtres vivants, *qui restent à l'état latent et inerte jusqu'au moment favorable à leur éclosion* (39-44)[1].

« La nature se divise en quatre règnes: le règne minéral, le règne végétal, le règne animal et le règne humain (589.)

« Tout est transition dans la nature ; les choses les plus disparates en apparence ont des points de contact que l'homme comprendra plus tard (589).

« Tout s'enchaîne depuis l'atome primitif jusqu'à l'archange, qui lui-même a commencé par l'atome (540-604)

---

(1) C'est là qu'il faut chercher le point de départ des *espèces*.

« Les plantes reçoivent des impressions physiques qui agissent sur elles; ni elles ne souffrent ni elles ne pensent (586-587).

« Il y a dans les plantes une force mécanique qui les attire les unes vers les autres (588).

« Les animaux agissent par instinct, mais chez la plupart il y a volonté déterminée : *c'est de l'intelligence non raisonnée* (73-593).

« Les animaux ont une certaine liberté d'action bornée à leurs besoins et restreinte aux actes de la vie matérielle ; *ils progressent par la force des choses*, c'est pourquoi il n'y a point pour eux d'expiation (595-602).

« Il y a dans les animaux un principe distinct de la matière *et qui survit au corps* (597).

« L'âme de l'animal est classée après sa mort par les Esprits que cela concerne et presque aussitôt utilisée ; n'ayant pas de libre arbitre, *il n'a pas le loisir de se mettre en rapport avec d'autres créatures* (600).

« L'intelligence de l'homme et celle des animaux émanent du même principe, c'est-à-dire de l'élément intelligent universel ; mais dans l'homme elle a reçu une élaboration *qui l'élève au-dessus de celui qui anime la brute* (606).

« Il y a entre l'âme des animaux et celle de l'homme autant de distance qu'entre l'âme de l'homme et Dieu (597)[1].

« L'âme a été le principe intelligent des êtres inférieurs de la création. C'est dans ces êtres, que l'homme ne connaît pas encore tous, que le principe intelligent s'élabore, s'individualise peu à peu *et s'essaye à la vie*. C'est en quelque sorte un travail préparatoire comme celui de la germination à la suite duquel le principe intelligent *subit une transformation et devient Esprit*. C'est alors que commence pour lui la période de l'*humanité*, et avec elle la conscience de son avenir, la distinction du bien et du mal, et la responsabilité de ses actes (190-540-607)[2].

« Les Esprits sont l'individualisation du principe intelligent, comme les corps sont l'individualisation du principe matériel (79).

« Le monde des Esprits constitue *un monde à part* en dehors de celui que nous voyons : c'est

---

(1) L'âme de l'animal ne deviendrait jamais Esprit sans la transformation suprême, *le souffle div n*, qui lui donne la conscience de l'être.

(2) Du moment où l'Esprit a reçu le souffle divin, et a conscience de lui-même, il entre dans l'humanité, *c'est-à-dire dans la catégorie des êtres raisonnables.*

8.

le monde des intelligences incorporelles (84).

« Dans l'ordre des choses, le principal est le monde des Esprits ; *il est préexistant et survivant à tout* (85-738).

« Le monde corporel pourrait cesser d'exister ou *n'avoir jamais existé* sans altérer l'essence du monde spirite ; malgré leur corrélation incessante, *ils sont indépendants l'un de l'autre* (86)[1].

« Les Esprits sont partout ; les espaces infinis en sont peuplés à l'infini ; ils concourent à l'harmonie de l'univers en exécutant les ordres de Dieu, *dont ils sont les ministres* (87-558).

« Les Esprits n'ont pas de forme déterminée : c'est une flamme, une lueur, ou une étincelle éthérée (93).

« Les Esprits n'ont pas de sexe et sont immortels, l'amour naît entre eux de la sympathie (83-200-300).

« Il ne peut y avoir de division du même Esprit ; chacun est un centre qui rayonne selon sa puissance (92).

« Les Esprits ont une enveloppe fluidique appe-

---

[1] La *chute originelle* est ici posée en principe, car si aucun Esprit n'avait failli, *le monde corporel* n'aurait jamais existé, c'est-à-dire aucun ne se serait incarné *matériellement*.

lée *périsprit,* qui change de densité suivant les régions qu'ils parcourent (94).

« Les Esprits sont de différents ordres *selon le degré de perfection où ils sont parvenus* (96).

« On peut diviser les Esprits en trois catégories principales : le premier rang est celui des *Esprits purs,* parce qu'ils sont arrivés à la perfection ; ceux du second ordre sont les *bons Esprits :* le désir du bien est leur préoccupation ; ceux du troisième degré, les *mauvais Esprits,* sont caractérisés par l'ignorance, le désir du mal et toutes les mauvaises passions (97).

« Les Esprits du troisième ordre *ne sont pas tous essentiellement mauvais;* les uns ne font ni bien ni mal ; d'autres, au contraire, se plaisent au mal et sont satisfaits de le faire (99)[1].

« Les Esprits n'ont pas été créés les uns bons et les autres mauvais : *Dieu a créé tous les Esprits simples et ignorants.* Il leur a donné à chacun une mission dans le but de les éclairer *par la connaissance de la vérité* et pour les rapprocher de lui. Le bonheur éternel et sans mélange est pour eux dans cette perfection. Les Esprits acquièrent ces

---

[1] De ce qu'un Esprit est *inférieur,* il ne s'ensuit pas qu'il est *mauvais.*

connaissances à mesure que le libre arbitre se développe, *en passant par les épreuves que Dieu leur impose*. Les uns acceptent ces épreuves avec soumission et arrivent plus promptement *au but de leur destinée;* d'autres ne les subissent qu'avec murmure et restent ainsi, *par leur faute*, éloignés de la perfection et de la félicité promise : *c'est la grande figure de la chute de l'homme et du péché originel* (115-122-262)¹.

« Si Dieu avait créé les Esprits parfaits ils seraient sans mérite pour jouir des bienfaits de la perfection. Où serait le mérite sans la lutte (119)?

« Tous les Esprits passent par la filière de l'ignorance *et non par celle du mal;* ceux qui sont mauvais le deviennent *par leur volonté et leur libre arbitre* (120-121)².

« Les mauvais Esprits sont figurés par l'allégorie de Satan. Leur mauvaise influence s'exerce sur les Esprits et sur les hommes (122-470).

---

(1) Il résulte de ceci que les Esprits, *au début*, sont soumis à des épreuves particulières qui décident de leur destinée. Ceux qui *faillissent* à ces épreuves vont habiter les mondes matériels; ceux qui en triomphent jouissent de la *félicité promise*, c'est-à-dire, continuent leur ascension à *l'état fluidique*. Ces épreuves sont figurées par la défense faite à Adam et Ève, et par l'arbre de vie et l'arbre de la science du bien et du mal.

(2) C'est cette rétrogradation qui constitue la chute et qui

« Si, dès le principe, des Esprits suivent la route du *bien absolu*, et d'autres celle du *mal absolu*, le plus grand nombre *font le bien et le mal à différents degrés* (124)[1].

« Les Esprits sont libres de suivre la voie du mal. La sagesse de Dieu est dans la liberté qu'il laisse à chacun de choisir, *car chacun a le mérite de ses œuvres* (123).

« Tous les Esprits doivent arriver au même degré de supériorité à travers les éternités; Dieu contemple les *égarés* du même œil et les aime tous du même cœur (126)[2].

« Les Esprits ne dégénèrent pas; quand ils ont la science il ne l'oublient pas (118-785)[3].

« Le but de l'incarnation des Esprits est de les faire arriver à la perfection : pour les uns c'est une *expiation*; pour d'autres c'est une *mission*. Mais pour arriver à la perfection ils doivent subir toutes les vicissitudes de l'existence corporelle : *c'est là qu'est l'expiation* (132)[4].

est la cause de l'incarnation corporelle dans les mondes matériels.

(1) Beaucoup d'Esprits ne faillissent pas dès le début.
(2) Il voit du même œil les Forts et les Relevés.
(3) Il n'en est pas de même de la morale.
(4) Ceci doit s'entendre de l'incarnation humaine en général, prise au point de vue de l'expiation, même en cas de mission.

« Tous les Esprits s'instruisent dans les luttes et les tribulations de la vie corporelle. Dieu, qui est juste, ne pourrait faire les uns heureux sans peine et sans travail, et par conséquent sans mérite (133)[1].

« L'âme de l'homme est un Esprit incarné. Avant de s'unir au corps l'âme est un des êtres intelligents qui peuplent le monde invisible, et qui revêtent temporairement une enveloppe charnelle *pour se purifier et s'éclairer* (134)[2].

« Le point de départ de l'incarnation humaine n'est pas la terre; *mais il y a sur la terre des Esprits incarnés pour la première fois* (607)[3].

« Tous les globes qui circulent dans l'espace son habités (55)[4].

« L'espèce humaine se trouvait parmi les élé-

---

(1) Tous les Esprits, bons ou mauvais, subissent une série d'existences; les bons sur des mondes spirituels en rapport avec leur nature; les mauvais sur des mondes matériels où ils trouvent les éléments de luttes contre leurs penchants. (Voyez 260-265.)

(2) L'homme est un Esprit *failli* qui vient sur la terre *pour se purifier de ses fautes passées.*

(3) C'est-à-dire que l'*espèce* humaine commence sur les mondes primitifs, et que, suivant le degré de culpabilité, les Esprits sont envoyés dans un tel monde ou telle race.

(4) On les divise en mondes: primitifs, matériels, spirituels, fluidiques, célestes, divins.

ments organiques du globe terrestre, elle est venue en son temps, c'est ce qui a fait dire que *l'homme a été formé du limon de la terre* (47)[1].

« L'homme a pris naissance *sur plusieurs points du globe* et à *diverses époques*; c'est là une des causes de la diversité des races ; puis les hommes, en se dispersant sous différents climats, et en s'alliant à d'autres races ont formé de nouveaux types (53)[2].

« L'homme à l'état sauvage est plutôt guidé par l'instinct que par le libre arbitre ; *mais son âme n'est pas à l'état d'enfance puisqu'il a des passions* (191-849)[3].

« Pendant la vie, les Esprits nous visitent *comme on visite un prisonnier sous les verrous* (343)[4].

---

(1) La terre, dans les temps reculés, a possédé l'homme embryonnaire des races primitives.

(2) Les différentes races viennent de la nature du sol qui les a produites.

(3) Une erreur assez commune consiste à croire que l'âme des sauvages n'est qu'un Esprit rudimentaire. Il n'en est rien: s'ils nous paraissent à l'état primitif, *ce n'est qu'une question d'enveloppe*, comme chez nous l'enfant ne nous paraît pas Esprit raisonnable. La chute originelle cache de terribles mystères : Tel Esprit qui a abusé sera incarné sourd-muet, aveugle, idiot, fou ou crétin, chez nous ; tel autre sera envoyé chez les races sauvages ou primitives : *l'instinct alors leur vient en aide*.

(4) La mystérieuse échelle de Jacob en est l'emblème. (*Genèse* ch. XXVIII, v. 12.)

« A la mort, l'Esprit *sort de l'esclavage*; à la naissance il y rentre. La cause de la mort est l'épuisement des organes qui fait retourner le principe vital à la masse (339-70).

« L'âme qui n'a pas achevé de s'épurer subit une nouvelle incarnation (166).

« Tous les Esprits qui doivent se réincarner sont *errants*, c'est-à-dire aspirant après une nouvelle destinée (226).

« Suivant le genre d'expiation, un Esprit de race civilisée peut être réincarné dans une race sauvage (273).

« L'Esprit de l'homme ne peut animer le corps d'un animal; *le fleuve ne remonte pas à sa source* (612).

« Le but de la réincarnation *est l'expiation* et l'amélioration progressive de l'humanité (167-998).

« L'Esprit qui faillit à ses épreuves ou à sa mission doit recommencer la même tâche (178-781-847)

« L'Esprit qui n'avance pas peut aller dans un monde pire que la terre; *s'il abuse, son expiation peut être terrible* (174-373-781)[1].

(1) Ne serait-ce pas l'incarnation primitive ou le crétinisme ?...

« A mesure que les Esprits *se lavent de leurs souillures* et qu'ils se dépouillent de la matière, ils s'incarnent dans des mondes de plus en plus parfaits (985) [1].

« Il n'y a aucun avantage particulier à revenir habiter la terre, *à moins d'y être en mission* (175).

« Quand l'Esprit s'est dépouillé de toutes ses impuretés, *il n'a plus besoin de la nature corporelle* (168-268) [2].

« Le dogme de la réincarnation est fondé sur la justice de Dieu, qui, en bon père, *laisse toujours à ses enfants une porte ouverte au repentir et ne peut les bannir éternellement* (171-116-991) [3].

« Les souffrances que l'on éprouve quelquefois au moment de la mort sont une jouissance pour l'Esprit *qui voit arriver le terme de son exil* (154).

« La vie éternelle consiste dans la vie de l'Esprit; celle du corps n'est que transitoire et passagère (153) [4].

« Le travail est une loi de nature; mais le tra-

(1) Les Esprits quittent les mondes matériels à mesure qu'ils se réhabilitent.
(2) Quand l'Esprit s'est réhabilité, il ne s'incarne plus matériellement et reprend son rang fluidique.
(3) La réincarnation est la porte ouverte à la réparation et au repentir pour les Esprits déchus non réhabilités.
(4) Que ce soit une punition ou une mission.

vail imposé à l'homme est une conséquence de sa nature corporelle, *c'est une expiation* et en même temps un moyen de perfectionner son intelligence (676-983)[1].

« Le bien et le mal sont absolus pour tous les hommes ; la loi de Dieu est écrite dans la conscience, *elle est la même pour tous,* car le bien est toujours le bien et le mal toujours le mal ; *la différence est dans le degré de responsabilité* (621-636-628)[2].

« Jésus est le modèle de la perfection ; il a enseigné aux hommes les véritables lois de Dieu ; mais sa parole, souvent allégorique, et voilée selon les temps et les lieux, *doit devenir intelligible pour tous.* Les Esprits sont chargés de préparer le règne du bien annoncé par Jésus ; mais il faut que chaque chose vienne en son temps. La vérité est comme la lumière : *il faut s'y habituer peu à peu, autrement elle éblouit* (625-626-628) [3].

(1) Le travail des mondes matériels est une punition infligée aux Esprits *déchus,* en même temps qu'un moyen pour eux de se réhabiliter et de se perfectionner.

(2) Il est évident que le degré de responsabilité n'est pas le même pour le sauvage et l'homme civilisé, pour l'idiot et l'enfant.

(3) Il résulte de ceci que l'Évangile contient la parole de Jésus et que les Esprits sont chargés de l'expliquer progressivement.

« Le moyen le plus efficace de combattre *la nature corporelle*, c'est de faire abnégation de soi-même en suivant les inspirations de son Esprit protecteur (912-495-910) [1].

« L'égoïsme et l'orgueil s'affaibliront avec la prédominance de la vie morale sur la vie matérielle et *surtout avec l'intelligence de votre état futur réel* (917-799) [2].

« Pour se connaître soi-même il faut se poser des questions *nettes et précises* et ne pas craindre de les multiplier; on peut bien donner quelques instants *pour conquérir un bonheur éternel*. L'homme finira par comprendre qu'en dehors de la jouissance des biens terrestres, il y a un bonheur infiniment grand et *infiniment durable* (313-919-785) [3].

« Le bonheur des bons Esprits est proportionné à leur élévation, mais ils n'éprouvent ni les besoins, ni les souffrances, ni les angoisses de la vie

---

(1) L'orgueil a été la cause de la chute de la majorité des Esprits; l'humilité est donc le plus sûr moyen de réhabilitation.
(2) C'est le point de vue qui fait toute la morale, qui diffère pour le matérialiste et pour le spiritualiste. Même parmi les spiritualistes, *le point de vue* peut être différent.
(3) Combien y a-t-il d'hommes qui pensent sérieusement à la vie future? *aussi la réincarnation est-elle la loi commune.*

matérielle ; pour eux *les besoins matériels leur semblent les jouissances de la bête* [1]. — Toutes les régions leur sont accessibles (967-279).

« Les souffrances qu'endurent les mauvais Esprits n'ont pas de description possible. *Pour la punition de certains crimes*, celui-là seul qui les éprouve aurait de la peine à vous en donner une idée : c'est ce qu'on peut appeler l'enfer. Les régions qu'habitent les bons Esprits leur sont interdites (973-279) [2].

« Le purgatoire s'entend des douleurs physiques et morales : *c'est le temps de l'expiation*. C'est presque toujours sur terre que vous faites votre purgatoire et *que Dieu vous fait expier vos fautes* (1013) [3].

« Le souvenir des fautes que l'âme a pu commettre ne trouble pas son bonheur après qu'elle s'est épurée, parce qu'elle les a rachetées et

---

(1) L'incarnation n'est que souffrance, et les jouissances que l'on y goûte, quand elles ont la matière pour objet, rendent l'homme semblable à la bête!

(2) Les régions de l'erraticité sont le théâtre de drames dont la communication des Esprits souffrants nous donnent quelquefois le spectacle.

(3) La terre dans son ensemble actuel est pour les Esprits déchus un purgatoire en comparaison de certains mondes inférieurs où *l'incarnation est un véritable enfer*.

qu'elle est sortie victorieuse des épreuves *auxquelles elle s'était soumise dans ce but*[1] (978).

« Le Ciel, *c'est l'espace universel;* ce sont les mondes supérieurs où les Esprits jouissent de leurs facultés *sans avoir les tribulations de la vie matérielle* (1016) [2].

« Il vous a été parlé de ces mondes où l'âme naissante est placée, *alors qu'ignorante du bien et du mal,* elle peut, maîtresse d'elle-même, marcher à Dieu, en possession du libre arbitre; il vous a été dit de quelles larges facultés l'âme a été douée pour faire le bien; mais, hélas ! *il en est qui succombent,* et Dieu, ne voulant pas les anéantir, leur permet d'aller d'*incarnations en incarnations,* où elles s'épurent, se régénèrent et *reviendront dignes de la gloire qui leur était destinée* [3].

« Résumons-nous ici : *Vous êtes tous sur la terre pour expier;* mais tous sans exception devez faire tous vos efforts pour adoucir l'expiation de vos frères, selon la loi d'amour et de charité [4].

---

(1) L'Esprit réhabilité n'éprouve de ses souffrances passées et de sa *chute primitive* qu'un souvenir semblable à un mauvais rêve.

(2) C'est la vie des Esprits infaillis ou réhabilités.

(3) Ces paroles se passent de commentaires. *Tout le spiritisme est là.*

(4) L'amour de Dieu et du prochain, c'est toute la loi. (Mathieu chap. XXII, v. 40; Marc, ch. XII, v. 30-31; Luc, ch. X, v. 27.

« Pauvre race humaine, reprends courage; ouvre les yeux à la lumière : voici les âmes de ceux qui ne sont plus qui viennent te rappeler à tes véritables devoirs ; ils te diront, avec l'autorité de l'expérience, combien les vanités et les grandeurs de votre passagère existence sont peu de chose *auprès de l'éternité*, et que la charité et l'humilité, ces deux sœurs qui se donnent la main, sont les titres les plus efficaces *pour obtenir grâce devant l'Éternel.* » (Allan Kardec, *Évangile selon le spiritisme*, pages 30, 81 et 105).

Après le Livre des Esprits d'Allan Kardec, voici les Évangiles expliqués de J.-B. Roustaing, qui viennent illuminer ce qu'il y avait encore d'obscur dans la révélation nouvelle. Avec ce livre, plus de mystères, car il est la paraphrase et en quelque sorte la *clef* du Livre des Esprits et des Médiums.

Voici l'exposé de l'évolution de l'Esprit telle qu'elle est développée au début de l'ouvrage.

Évolution de l'Esprit d'après les Évangiles expliqués de J.-B. Roustaing.

« Tout provient de Dieu et y retourne. Dieu, un, Créateur incréé, père de tous et de tout, Dieu, le grand moteur de tout ce qui existe, est le pilier inébranlable sur lequel reposent les multitudes de mondes, jetés dans l'espace comme les atomes le sont dans l'air.

« Dans la création tout a une origine commune, tout procède de l'infiniment petit à l'infiniment grand jusqu'à Dieu, point de départ et de ralliement.

« Le magnétisme est l'agent universel, tout est soumis à l'influence magnétique ; tout est magnétisme dans la nature. C'est la grande loi qui régit toutes choses. Les fluides magnétiques relient entre eux tous les mondes, unissent tous les Esprits ; c'est le lien universel que Dieu nous a donné pour nous envelopper comme un seul être et nous aider à monter à lui en réunissant nos forces.

« Le fluide universel, touchant à Dieu et partant de lui, par ses combinaisons, modifications et transformations, est l'instrument et le moyen, dans l'infini et dans l'éternité, de toutes les combinaisons spirituelles, matérielles et fluidiques, de la création de tous les mondes, de tous les êtres dans tous les règnes de la nature.

« L'Esprit, à son origine de formation, essence spirituelle, principe d'intelligence, sort du *tout universel*, c'est-à-dire de l'ensemble des fluides répandus dans l'espace. Ce principe intelligent est tellement subtil qu'aucune expression ne peut en donner une idée.

« La volonté de Dieu anime ces fluides *quintessenciés* pour leur donner l'être à l'aide d'une combinaison dont il a seul le secret, *et dont l'essence ne se trouve que dans les rayonnements divins.*

« La vie universelle est ainsi en *germes éternels*, partout dans la nature.

« A leur formation les mondes primitifs sont composés de tous les principes constitutifs des divers règnes que les siècles doivent élaborer.

« Le principe intelligent se développe en même temps que la matière, progresse avec elle, en passant de l'inertie à la vie.

« Cette multitude de principes, qui sont latents, attendent, *à l'état cataleptique,* que le souverain maître, selon les lois éternelles qu'il a établies, leur donne une destination.

« Ils subissent à travers les éternités, et sous la direction des Esprits préposés, les transformations qui doivent les développer, en passant successivement par les règnes minéral, végétal et animal, et par les formes et espèces intermédiaires entre chacun de ces règnes.

« L'essence spirituelle, sortant du règne minéral, subit dans le règne végétal l'épreuve de la sensation ; mais il n'y a ni conscience ni souffrance, il y a seulement *ébranlement magnétique.*

« Lorsque le principe spirituel est transporté dans le règne animal, il commence à ressentir un acte extérieur : *il y a sensation de la souffrance,* et devient peu à peu un principe intelligent d'une intelligence relative qu'on appelle instinct, intelligence relative à ses besoins physiques, à sa conservation, mais sans libre arbitre.

« Le principe intelligent passe par toutes les formes intermédiaires qui participent du règne animal et du règne humain, et arrive ainsi au *point préparatoire* à l'état spirituel conscient, *à ce moment où finit l'instinct et où commence la pensée.*

L'Esprit, pour entrer dans la vie active, consciente, indépendante et libre a besoin de se dégager entièrement du contact forcé qu'il a eu avec la chair ; il a besoin d'oublier ses rapports avec la matière, de s'en purifier ; *c'est à ce moment que s'opère la transformation qui lui donne la conscience de l'être.*

« Il est rendu encore au tout universel, mais dans des conditions distinctes. Il est conduit dans des régions spéciales dans lesquelles s'élaborent les principes constitutifs du périsprit, enveloppe fluidique *qui sera l'instrument de son progrès ou de sa chute* (1).

« Faible rayon lumineux, il est jeté dans une masse de vapeurs qui l'enveloppent de toutes parts et qui le plongent dans une espèce de léthargie. Le périsprit, destiné à recevoir le principe spirituel, se développe, se forme autour de cette étincelle de véritable vie. Il prend une forme indistincte d'abord, puis se transforme graduellement et passe par toutes les phases de développement.

« L'Esprit alors sort de son engourdissement pour jeter son premier cri d'admiration. A ce moment seulement il a la pleine conscience de lui-même, et peut être humanisé *s'il vient à faillir* (2).

« Mis en possession du libre arbitre et pouvant choisir leur voie, les Esprits sont soumis, *dans certaines conditions d'existence*, à des Esprits préposés à leur développement ; c'est alors que leur

---

(1) C'est par le périsprit que l'Esprit est en contact avec la matière.

(2) C'est ici que se place la scène emblématique du Paradis perdu, qui devient une réalité pour l'Esprit qui faillit.

volonté les porte à suivre une voie plutôt qu'une autre. Ils peuvent faillir ou suivre simplement et graduellement la marche qui leur est indiquée pour progresser.

« Beaucoup faillissent ; quelques-uns résistent aux entraînements de l'orgueil et de l'envie. La perte de tous les Esprits est l'orgueil, qui a pour dérivés la présomption et l'envie.

« Alors que le libre arbitre a atteint tout son développement, les Esprits en font un bon ou mauvais usage, *soit au début*, soit à un point *plus ou moins avancé de la carrière*. Ils sentent l'influence paternelle de leur Dieu, dont l'existence leur est révélée, mais qu'ils ne voient point encore.

« C'est alors que les tendances de l'Esprit se révèlent. Tout est si beau dans les régions supérieures, qu'il est émerveillé, ébloui ; enivrés à la vue des splendeurs qui entourent les grands Esprits, l'orgueil ou l'envie s'emparent d'eux ; l'orgueil, parce que pouvant déjà beaucoup sur les régions inférieures qu'ils apprennent à gouverner, ils croient ne devoir qu'à leur propre mérite le pouvoir dont ils jouissent ; l'envie, parce que ne comprenant pas toujours l'action puissante de Dieu, ils n'admettent pas qu'il y ait une hiérarchie spirituelle. L'athéisme même atteint parfois ces pauvres aveugles au sein de la lumière; ne voyant pas Celui de qui tout dérive, ils nient son existence, et se croient eux-mêmes la base et le faîte de l'édifice (1).

« Les Esprits qui faillissent, indociles, rebelles à l'influence et aux conseils de ceux qui sont chargés de les conduire, attirent par la nature de leurs tendances des Esprits mauvais sympathiques à leurs passions ; mais ce n'est qu'après la *chute* qu'ils établissent avec eux des rapports similaires.

« Les Esprits, au contraire, qui, dociles à leurs guides, suivent simplement et graduellement la voie droite attirent les Esprits bons, sympathiques à leurs sentiments.

« Pour tous les Esprits, les fluides du périsprit varient d'une manière incessante pour suivre en sa marche progressive l'Esprit qu'il recouvre, *suivant la nature de ses tendances et des régions qu'il parcourt.*

« Parmi les Esprits qui faillissent, il y en a qui,

---

(1) Ce sont les « anges » rebelles. — Cette filière de subordination d'Esprits à Esprits prend sa source dans les profondeurs de la création éternelle qui touche à l'existence même de Dieu, et qui est un problème actuellement inabordable. (*Livre des Esprits,* 14.)

dès le début, mésusent avec obstination de leur libre arbitre, et se révoltent. Ces Esprits présomptueux et orgueilleux sont alors *humanisés*, c'est-à-dire incarnés sur les terres primitives, *vierges encore de l'apparition de l'homme*, mais prêtes pour cette apparition, pour être domptés et progresser sous les étreintes de la chair (1). Ils sont incarnés dans des *substances humaines*, corps rudimentaires appelés à progresser et à se développer par la procréation, selon les conditions établies pour l'exercice de la loi naturelle en pareil cas (2).

« *Ce sont les lieux ténébreux de l'incarnation humaine.* La matière suit un développement régulier, les Esprits franchissent les degrés sans y toucher s'ils s'élèvent : *il y a toujours des catégories d'Esprits en rapport du degré d'incarnations.*

« Il y a des Esprits qui ne faillissent qu'après avoir été longtemps et pendant des siècles dociles aux Esprits chargés de les conduire ; *ils sont incarnés sur des planètes plus ou moins inférieures, plus*

---

(1) Ces Esprits forment en quelque sorte la population indigène du globe. — C'est dans une de ces races que Caïn se fit plus tard une famille (*Gen.* IV, 16).

(2) Cette origine embryonnaire est le point de départ de l'espèce humaine, et se trouve corroborée par le *Livre des Esprits*.

ou moins élevées, suivant le degré de culpabilité pour y subir une incarnation plus ou moins matérielle, proportionnée aux besoins du progrès en rapport avec l'élévation de l'Esprit (1).

« Les Esprits qui restent dociles à leurs guides *accomplissent leur progrès à l'état d'Esprit*. Pour atteindre la perfection, leurs études se font dans l'espace, dans le grand livre de l'infini. Ils parcourent toutes les sphères, les terres primitives, les mondes inférieurs et supérieurs à tous les degrés jusqu'à ce que l'influence de la matière étant devenue nulle pour eux, ils soient devenus purs Esprits. Le travail est grand, incessant et coûteux sous cette enveloppe que constitue le périsprit qui, pour l'Esprit, est matière, et qui, en même temps qu'il est l'instrument et le moyen de son progrès, peut aussi, à tout instant, être celui de sa chute (2).

« Pour les Esprits incarnés leurs études suffisent *jusqu'à ce qu'ils s'élèvent vers les régions supé-*

(1) Les Esprits qui composent la race adamique ou aryenne, symbolisée dans la personne d'Adam, sont de cette catégorie. — La Bible les distingue de la race des Esprits inférieurs par le nom de *Fils de Dieu* (Genèse, ch. VI, v. 2-4). Leur incarnation sur la terre ne remonte pas au delà de quatre mille ans avant Jésus-Christ, tandis que celle des races inférieures se perd dans la nuit des temps. (*Livre des Esprits*, 48-51.)

(2) A mesure que le périsprit s'épure, la chute de l'Esprit devient plus difficile.

rieures (1). Mais à l'état errant, c'est-à-dire entre chaque incarnation, ils doivent, *selon les conditions de leur élévation*, parcourir tous les mondes, apprendre d'un côté et instruire de l'autre (2).

« L'incarnation humaine, en principe, *est la peine de la première faute qui a opéré la chute*. La réincarnation est la peine de la récidive, de la *rechute*, car toutes vos existences sont solidaires entre elles, et tout Esprit incarné *porte en lui la peine secrète de son incarnation précédente* (3).

« A l'incarnation matérielle, *nécessaire pour l'expiation et le progrès*, succèdent les incarnations plus ou moins fluidiques (4).

« Les Esprits arrivés à un certain degré de développement moral et intellectuel, ceux infaillis jusque-là comme ceux qui ont déjà failli, sont appelés à l'étude des mondes, de leurs principes et de leur organisation, sous la direction d'Esprits dont la pureté parfaite se perd dans la nuit des éternités.

« Tous les Esprits, égaux au point de départ, *se*

---

(1) Jusqu'à ce qu'ils reprennent leur rang fluidique.
(2) L'Esprit après s'être instruit revient pour instruire.
(3) Cette peine secrète est inscrite au fond de notre conscience.
(4) A l'expiation terrestre succède le travail céleste.

retrouvent égaux au point d'arrivée. Dieu ne fait pas de différence entre les purs Esprits, seulement, ayant suivi des voies différentes, *il est rendu à chacun selon ses œuvres.*

« Jésus est un de ces Esprits qui, purs à l'état d'innocence et d'ignorance, à l'état d'enfance et d'instruction, et toujours dociles aux Esprits chargés de les conduire et de les développer, a suivi la marche qui lui était indiquée pour progresser, et qui, *n'ayant jamais failli,* ainsi resté pur, est parvenu à la perfection sidérale, est devenu pur Esprit, de pureté parfaite et immaculée, *sans jamais avoir encouru d'incarnation* (1).

« Dieu l'a établi protecteur et gouverneur de votre planète, à la formation de laquelle il a présidé et qu'il gouverne du haut des splendeurs célestes; infailli et infaillible *comme étant en rapport direct avec Dieu* (2), votre maître et le nôtre, dirigeant la phalange sacrée et innombrable d'Esprits préposés, sous sa direction, au progrès de votre planète et de son humanité, et qui doit vous conduire à la perfection (3).

(1) Il y en a des millions dans ce cas.
(2) L'Esprit pur est infaillible.
(3) Comme dans le *Livre des Esprits,* la suprématie du Christ sur la terre est ici nettement établie.

« Chaque monde, quel qu'il soit, a un Esprit protecteur et gouverneur, un Christ de Dieu, *infailli et infaillible*, dont la perfection se perd dans la nuit des éternités.

« Les purs Esprits sont intermédiaires entre l'Essence éternelle de vie, l'Intelligence suprême, Créateur incréé, Cause première souverainement intelligente et toute-puissante — Dieu — et les Esprits supérieurs, ministres de la volonté divine, et par eux, d'après l'échelle hiérarchique, par l'intermédiaire des bons Esprits jusqu'à vous (1). Ils agissent, suivant l'emploi que le Seigneur leur assigne, pour tout ce qui tient au progrès universel, à la préparation, au développement, à la direction, au fonctionnement, à l'accomplissement de la vie et de l'harmonie universelle, selon les lois naturelles et immuables qu'il a établies de toute éternité dans l'immensité, dans l'infini.

« Le progrès intellectuel est donc indéfini pour l'Esprit quel qu'il soit, ayant toujours à acquérir en science universelle, sans qu'il y ait jamais de limites à ce progrès, car Dieu seul peut dire : Je n'irai pas plus loin.

---

(1) Ainsi s'explique la Trinité : le Père, le Créateur de tous

« La perfection morale est, comme la perfection intellectuelle, relative. Un Esprit peut être parfait moralement et intellectuellement relativement aux mondes inférieurs à celui qu'il habite ; il peut être très élevé par rapport à vous, dans la hiérarchie spirite, parfait moralement et intellectuellement relativement à votre planète, et n'être pourtant point encore parvenu au point culminant de la perfection : ce sont ceux que vous appelez Esprits supérieurs.

« L'Esprit parfait par rapport à vous et relativement à votre planète, est celui qui est devenu *maître des passions humaines*, a su s'en affranchir, a dépouillé toute impureté de *pensée* et d'*action*; c'est celui qui est animé de l'amour le plus *ardent* et le plus *dévoué* pour *toutes* les créatures du Seigneur, qui est pénétré de *respect* et d'*adoration* pour son Créateur, car il a atteint l'apogée de l'amour et du dévouement, *mais non de la science*.

« Le point culminant de la perfection, est la perfection sidérale, c'est-à-dire la perfection morale et intellectuelle relativement aux mondes fluidiques purs, où l'essence du périsprit étant

les mondes; le Fils, le Messie de chaque globe; le Saint-Esprit, les Esprits supérieurs, providence des mondes.

complètement pure, l'Esprit n'est plus assujetti à aucune incarnation sur quelque planète que ce soit, *l'influence de la matière étant alors nulle* (1).

« La perfection sidérale n'appartient qu'au pur Esprit ; mais il n'est pas parvenu pour cela au savoir sans bornes que Dieu seul possède, et que les Esprits qui se sont le plus rapprochés de lui ne possèdent pas, parce que nul Esprit ne peut jamais égaler Dieu.

« Jésus, dont la perfection et la pureté immaculée se perdent dans la nuit des éternités, est auprès de Dieu *au même titre que ses frères gouverneurs d'autres planètes ;* sa science est si grande que vos intelligences bornées ne peuvent en avoir une idée, que celle même des Esprits supérieurs ne peut en comprendre l'étendue. Jésus lui-même alors qu'il descendit vers vous, quoique type d'amour et de science, étudiait encore comme il étudie même à présent, *car le progrès est le but unique de l'Esprit*, et Dieu seul, nous le répétons, peut dire : *Je n'irai pas plus loin.*

« Jésus est en rapport direct et constant avec Dieu, sa pureté parfaite lui permettant d'approcher

(1) Le pur Esprit est celui dont le périsprit n'a aucun point de contact avec la matière fluidique.

du centre de toute pureté. Il est son VERBE auprès de vous, appelé *Dieu*, relativement à vous, en ce sens qu'il est votre Maître.

« L'amour et le dévouement de Jésus ont rendu et rendent encore ses efforts plus ardents pour vous amener au point où vous devez arriver : la perfection, alors que, sortie, à sa formation, de l'état incandescent des fluides impurs, arrivée progressivement à la période matérielle par les phases successives des révolutions planétaires, votre terre, après avoir passé par les phases de révolutions nouvelles, de l'état matériel à des états nouveaux de moins en moins matériels, puis fluidiques aura atteint son degré fluidique pur, car tout doit suivre une marche ascendante dans la voie du progrès physique, moral et intellectuel dans l'éternité.

« Lorsque vous serez près d'atteindre la perfection, les Esprits composant le groupe qui assista Jésus dans sa mission terrestre auront atteint la perfection sidérale, auront pris rang parmi les purs Esprits (1). »

On trouve dans un nouveau livre médianimique,

(1) J.-B. Roustaing : *Les Quatre Evangiles*, 1er volume, pages de 171 à 225.

« *Les Vies mystérieuses* », une description pittoresque de l'évolution de l'Esprit. Nous résumons ainsi qu'il suit ce qui se rapporte à la *chute* :

« Aussitôt qu'une monade spirituelle a *rassemblé autour d'elle* les attributs divins qui lui sont propres, elle s'entoure du périsprit virtuel et reste ainsi sans emploi. Semblable à l'enfant qui vagit, elle n'a point connaissance d'elle-même. C'est un Esprit ignorant, insouciant, *nageant dans la félicité divine*, attendant d'être revêtu d'une enveloppe qui le mette à même de se connaître lui-même et *d'agir en dehors de lui*.

« Les Esprits élevés des mondes fluidiques ou célestes, ou encore des cieux de rang égal à ces mondes, les appellent comme adoption. Leur appel donne à ces Esprits l'enveloppe ou corps approprié au monde supérieur où ils abordent (1).

« C'est à la faveur de ce corps très vaporeux que l'Esprit se rend compte à lui-même de ce qu'il est, par la manifestation extérieure de sa pensée, qui est la création interne destinée à passer à l'état de *Verbe* par l'acte extérieur qui la manifeste.

« L'Esprit ainsi revêtu de fluides en rapport avec sa pureté native et aussi avec le monde où

---

(1) Voyez aussi J.-B. Roustaing : vol. 1, p. 34.

il réside, apprend à exercer ses facultés; à les mettre en accord, en harmonie avec le devoir.

« La forme de ce corps fluidique, premier habitacle de l'Esprit, est la forme séraphique, c'est-à-dire, la forme humaine élevée au plus parfait état de beauté et de puissance. Elle est typique; *les mondes divins la possèdent*; elle est le modèle sublime qui descend, de degrés en degrés, suivant le rang où se trouve l'homme, jusqu'aux informes ébauches des pygmées, des nains, *variétés hideuses des races inférieures*.

« Les Esprits nouveaux ou enfants sont appelés par le concours et la volonté de deux êtres fluidiques, qui les attirent à eux pour s'en faire les guides, les instituteurs, comme vous recevez, dans la vie matérielle, des Esprits dont vous êtes les protecteurs, les guides, les éducateurs.

« Mais ce temps d'enfance fait bientôt place au désir de savoir et de connaître. Le monde extérieur doit être mis en rapport avec l'Être spirituel, *afin qu'à un moment donné, il puisse résister à l'épreuve et acquérir des mérites*.

« Lorsque leurs facultés, d'abord enfantines, se sont formées; qu'elles ont atteint un niveau relativement élevé; qu'ils savent de Dieu, de leur origine, de leur destinée ce qu'ils peuvent savoir; lorsqu'ils ont aperçu les choses matérielles, *et que leurs guides leur en ont montré le néant*, les dangers, la douleur, on les soumet à une épreuve qui doit déterminer leur rang par leurs mérites, *et décider de leur sort*.

« L'Esprit adolescent peut choisir sa voie; il connaît l'état où il se trouve et peut juger s'il veut la troquer contre un autre. Il a expérimenté la sagesse, la bonté de ses guides, et doit comprendre s'il faut les croire, ou non, dans la question d'un choix; il a l'idée du bien et du mal, *mais il n'en a pas l'expérience*. Comme l'être humain, l'Esprit souhaite l'expérience.

« Pour cela il s'incarne *dans un périsprit capable de devenir tangible* et de se soumettre, jusqu'à un certain point, sous l'influence de la volonté, aux choses et aux influences matérielles.

« Les Esprits ne peuvent agir hors du cercle des choses créées. Il faut donc un corps pour entrer en relation avec ces choses. C'est par son contact avec la matière qu'il peut fournir la preuve de son obéissance à la loi divine, loi qu'il possède par son origine, et dans laquelle ses initiateurs l'ont fortifié.

« La première incarnation dans un type humain supérieur n'est donc ni une chute, ni une expiation, mais le moyen de prouver le degré d'obéissance, de fidélité que l'Esprit est requis de montrer (1).

L'Esprit *pourvu du mécanisme convenable* est envoyé dans un monde où il doit mettre en pratique les enseignements qu'il a reçus. Sa conscience parle haut puisqu'il se possède ; sa clarté est entière puisqu'il se souvient ; il a la liberté puisqu'il est instruit. Quelles tentations peuvent l'assaillir ?

« On le flattera, on exaltera son orgueil, on lui offrira la domination par la force ou par la ruse, on le séduira par l'attrait de la désobéissance aux enseignements qu'il a reçus, par le doute sur les droits qu'ont ses instituteurs et ses guides à lui dicter une règle, une ligne de conduite ; on l'excitera contre eux par une jalouse défiance (2) ! *On aiguillonnera sa curiosité par la vue ou le récit des joies matérielles qu'il ignore.* Le sentiment de révolte une fois entré dans son cœur en obscurcit le sens droit, et une vapeur opaque lui bouche l'entendement.

(1) Voyez en effet : *Livre des Esprits* (133).
(2) C'est le rôle des mauvais Esprits ayant déjà failli.

« Comprenez la signification du fruit présenté à Ève, et qui est la figure poétique autant que décevante, *des passions et des satisfactions des sens.* Comprenez aussi le côté orgueilleux de cette tentation : « Vos yeux seront ouverts et vous serez comme des dieux. » (*Genèse*, III, 5.)

« C'est de là que résulte *ce qu'on nomme la chute*; ce que la Bible appelle le *péché originel*, péché qui est bien véritablement commis à l'origine de l'Esprit, *mais qui ne touche et n'atteint que son auteur*.

« La faute consommée, l'Esprit se voile, *le périsprit devient lourd, opaque, grossier*. Les éléments fluidisés qui le formaient se révoltent, *s'insurgent contre l'Esprit* ; et, en même temps, la notion du bien, *la conscience s'obscurcit et s'oblitère.*

« Que va-t-il devenir ? Il descend l'échelle humaine *jusqu'au monde où l'a placé sa faute*, et, de là, il doit remonter *d'où il était parti.*

« Il va sans dire que la faute peut être plus ou moins grave, et déterminer une chute plus ou moins considérable. Il arrive, parfois, que l'Esprit révolté sonne l'émeute parmi ses frères, *et alors une légion entière d'Esprits manque à la fois* et se trouve précipitée *en masse* par la voie des incarnations purement matérielles dans un monde d'expiations. Quelques vies sur ce monde *peuvent suffire à faire remonter l'Esprit à son premier état* ; d'autres accroissent leurs torts par de nouvelles fautes, de nouvelles révoltes. Le sens droit s'oblitère; la conscience se voile ; *le souvenir des cieux s'efface*, et les mondes inférieurs les réclament. Ah! remontez, remontez avec courage la rampe escarpée qui ramène en haut. N'ayez souci ni des pierres, ni des épines, montez, montez; plus vous irez, plus l'air vivifiant du monde spirituel vous donnera de force, plus vous sentirez tomber de vos yeux le voile d'oubli et d'ignorance, plus la conscience redeviendra forte et la volonté consciente. Montez, montez! déjà les rayons brillent de loin à vos regards, et, par moment, vous entendez les sons éloignés de l'harmonie céleste. *Esprits rachetés, vous retrouverez la patrie.*

« La légende d'Adam *est commune à toutes les humanités, à toutes les périodes commençantes des Esprits*. La tradition du fruit de science et du fruit de vie n'est donc point particulière à la terre. Elle représente ainsi le choix que font les âmes des deux routes qui s'offrent à elles pour arriver au même but : la perfection. Toutes font ce choix, guidées par les conseils et les enseignements de leurs parents adoptifs ou guides.

« Ce choix de la science ou de la vie, est toute l'épreuve définie en peu de mots qui paraissent une énigme, parce qu'on ignore ce que représente cette alternative.

« Loin d'être, sur l'heure, comblé de béatitude par le choix du fruit de vie, un Esprit est astreint, par ce choix même, à une série de travaux tout aussi nécessaires que les labeurs terrestres. Ces vies spirituelles sont, à la vérité, exemptes de l'erreur, partant de tout retard.

« L'arbre de science, au contraire, entraîne avec les maux de la matérialité, des longueurs de progrès, des erreurs nombreuses, et de fréquentes rechutes. C'est, sans contredit, la mauvaise part, et, quoiqu'elle ait été celle de notre humanité terrestre, elle est certainement celle de bien d'autres encore, *et notre pauvre race a bien des frères en douleurs.*

« Ne pensez pas, comme on se l'imagine, que l'arbre de vie symbolise la somme des bonheurs célestes réalisables *au moment même*, et que l'Esprit les ait dédaignés pour la triste science de la vie matérielle. — Non. — Il y a aussi dans les vies *ou incarnations spirituelles* des travaux et des amertumes; peut-être même, ces peines ont-elles paru trop lourdes aux Esprits peu développés encore, ou mal affermis, à qui le prestige des choses inconnues de la matière, aura eu le mérite d'offrir quelques dédommagements aux maux qu'ils y auront entrevus.

« Donc, les légendes primitives, sous cet emblème de l'*arbre de vie* et de l'*arbre de science*, ont présenté l'alternative et le choix offert à l'Esprit, dans son épreuve, où des vies spirituelles qui menaient l'Être, par les hiérarchies progressives, aux plus hautes dignités et aux félicités des cieux, ou des existences matérielles, conquérant le progrès et le bonheur de ces mêmes cieux, par des expiations et des efforts souvent rendus inutiles par de fréquents retards. »

C'est ainsi que la révélation spirite, par la diversité des sources dont elle émane, se complète par cette diversité même (1).

Il nous reste à parler, comme corollaire de la

---

(1) On a remarqué dans tous les groupes spirites sérieux que les Esprits, qui souvent diffèrent, *selon leur degré d'élévation*, sur les questions d'ordre physique, s'accordent en ce qui concerne l'expiation terrestre.

chute, de l'incarnation fluidique du Christ, autrement dire du « mystère de l'Incarnation. »

C'est dans les évangiles de J.-B. Roustaing, si riches, d'ailleurs, en documents spirites, qu'on trouve les explications les plus complètes sur cette théorie qui, de tout temps, a passionné les intelligences, et qui, dernièrement encore, a provoqué, bien inutilement, un si grand nombre d'objections.

En effet, de deux choses l'une : ou le Christ a eu une naissance ordinaire, ou il a eu une naissance « *mystérieuse* ». La première hypothèse doit être absolument écartée pour *quiconque croit à l'Evangile*, puisque l'Evangile est formel là-dessus. En tout cas, et quoi qu'on en dise, il est impossible de considérer Jésus comme un être normal de notre planète ; tout dans sa vie, dans ses actes, prouve le contraire ; son entrée et sa sortie du monde, tout en lui a un caractère tellement étrange, qu'on est forcé de lui accorder une existence extrahumaine (1).

Quant à sa naissance « *miraculeuse* », c'est une autre question. Le Christ ne peut être né maté-

---

(1) Le Koran lui-même reconnaît la naissance extraterrestre de Jésus et la virginité de Marie. — Voyez Sourates 2 v. 81 ; 254 ; 3, v. 37 à 46 ; 5, v. 48, 50 ; 19, v. 16 ; 21, v. 25, 91 ; 66, v. 12.

10.

riellement, charnellement, sans intervention humaine; aussi cette manière de voir a-t-elle pour conséquence obligée la négation de la « maternité » de Marie, dans le sens usuel du mot.

Cette opinion est confirmée par saint Paul lui-même, qui voit en Jésus « le souverain sacrificateur, *sans père, sans mère*, sans généalogie » (Hébreux, ch. VI, v. 20; ch. VII, v. 1), et pour qui Dieu a *formé un corps* (ch. X, v. 5), non un corps ordinaire, car il y a des corps célestes et des corps terrestres (I Cor., ch. XV, v. 40). Elle est du reste formulée dans l'Evangile par ces paroles de Jésus à sa « mère » : « Femme, qu'y a-t-il de commun entre vous et moi? » (Jean, ch. II, v. 4), et par cette autre où, parlant de Jean-Baptiste, Jésus dit : « Il n'en est pas de plus grand parmi ceux qui sont *nés de femme*. » (Matthieu, ch. XI, v. 11; Luc, ch. VII, v. 28.)

Le Christ affirme ainsi lui-même sa « naissance » extraterrestre, en donnant à entendre *qu'il n'est pas né de femme*.

Aux rationalistes qui contestent l'autorité ou la véracité de l'Evangile, nous leur dirons ceci : Jésus, dont on ne peut nier l'existence sur la terre, n'est connu historiquement que par l'Evangile; or, si vous niez l'Evangile, vous niez du même coup l'existence de Jésus (1).

Nous devons donc prendre le Christ tel qu'il nous est présenté, parce que la négation de l'Evangile sur ce point entraîne la négation possible de tout le Livre; et une fois sur cette voie, que reste-t-il des prophètes et de la tradition hébraïque?

Jésus est donc un personnage historique réel, puisque sa doctrine a été la base d'une des plus grandes religions qui aient existé sur la terre, son action est manifeste dans l'établissement du christianisme, d'où devait découler plus tard le spiritisme qu'il a promis et annoncé.

S'ensuit-il qu'il faille s'attacher à la lettre dans la lecture de l'Ecriture Sainte? Non[2]. On sait que la *Vulgate*, rédigée par saint Jérôme, ne contient, pour ainsi dire, que le résumé de l'enseignement évangélique. Malgré cela, pour l'œuvre de saint Jérôme, tout spirite chrétien ne peut se refuser à admettre l'intervention médianimique tout aussi bien et

---

(1) De tous les historiens contemporains du Christ, Josèphe est le seul qui en dise quelques mots. — *Antiquités judaïques*, livre XVIII, ch. III. — Quant à Suétone, Tacite et Pline, c'est à peine s'ils font mention du christianisme.

(2) Voyez Channing: *Christianisme libéral*, 1er Discours.

peut-être mieux que pour le *Livre des Esprits*, et que, par conséquent, les Évangiles qu'il a rédigés sont la reproduction à peu près fidèle de la pensée de Jésus et des événements qui ont accompagné sa « naissance », sa « vie » et sa « mort » (1).

Le spiritisme a sa base dans la parole de Jésus, et le *Livre des Esprits* affirme que sa mission consiste à expliquer cette parole et à rendre la vérité intelligible pour tous (627). Or, où trouver la vérité si ce n'est dans l'Évangile ?

La « naissance extraordinaire » du Christ une fois admise, il reste à déterminer de quelle manière s'est opérée son apparition.

Sur ce sujet la science est encore muette ; mais comme il est dit au *Livre des Esprits* que Dieu, quand il le juge utile, peut révéler à l'homme ce que la science ne peut lui apprendre (20), nous nous adresserons donc aux Esprits pour résoudre le problème.

La théorie du Christ fluidique n'est pas nouvelle ; elle fut enseignée par les gnostiques, et même dès

---

(1) Une preuve irrécusable de la médiumnité de saint Jérome, c'est qu'il traduisit en trois jours les *Proverbes*, l'*Ecclésiaste* et le *Cantique des Cantiques*, chose impossible à l'intelligence la mieux douée. M. Bellemare, dans *Spirite et Chrétien*, semble l'avoir oublié.

le 1ᵉʳ siècle de l'ère chrétienne on la mit en avant, ce qui montre quel effet avait produit sur les contemporains de Jésus sa vie prodigieuse. Seulement, l'erreur de ce temps-là consistait à admettre un Christ en apparence (1), non un être réel, ayant tous les caractères de la tangibilité matérielle (2).

Cette théorie a été combattue par Allan Kardec dans sa « Genèse »; mais il a soin d'ajouter pourtant « *qu'un pareil fait n'est pas radicalement impossible d'après ce que l'on sait aujourd'hui sur les propriétés des fluides* (3). » Or un pareil fait sera tout à fait possible si l'on tient compte de ce que l'on saura demain sur les propriétés de ces mêmes fluides.

Il est absolument acquis désormais à la doctrine, d'après les observations des Crookes, des Zollner et autres savants, qu'un Esprit peut se *matérialiser* dans des conditions à faire complètement illusion. W. Crookes, dans l'apparition tangible du Katie, a constaté le battement du cœur, les pulsations du

---

(1) C'est contre cette idée que luttait saint Jean dans sa première épître, ch. IV, v. 2 et 3.

(2) Les Docètes étaient de ce nombre.

(3) Si Allan Kardec eût vécu davantage, nul doute qu'il n'eût plus encore modifié son opinion devant les récents phénomènes de matérialisation, inconnus de son temps.

pouls, la souplesse des cheveux, la douceur de la peau, la pesanteur du corps qu'il a pris dans ses bras, le tissu des vêtements dont il a coupé et conservé des morceaux, l'éclat des yeux, le timbre de la voix, à tel point qu'il lui était impossible, ainsi qu'il le dit lui-même, de ne pas croire qu'il avait devant lui un être réel (1).

Or, ce fait, choisi entre beaucoup d'autres, expérimenté de nos jours par un savant de premier ordre, est une preuve irrécusable de la possibilité de la vie fluidique tangible du Christ. Les faits inexorables sont là. La question de médium est tout à fait secondaire. Pour Katie, il fallait ce qu'on appelle un médium à effets physiques, parce que sa mission, toute d'expérimentation, était restreinte; mais pour le Christ, dont la mission était tout autre, il ne lui fallait qu'un médium d'amour : ce médium a été Marie, sa « mère » (2).

D'ailleurs, la puissance incomparable de Jésus le mettait au-dessus de tout contact fluidique humain. Lui, le médium de Dieu, comme l'ont appelé les

---

(1) Voyez W. Crookes : *Recherches sur les phénomènes spirites*.
(2) Pendant les quarante jours qui ont suivi sa *résurrection*, le Christ a montré qu'un médium lui était parfaitement inutile pour l'accomplissement du phénomène de la tangibilité fluidique.

Esprits, n'avait besoin d'aucun des moyens employés ordinairement pour l'obtention de ces sortes de phénomènes ; lui, dont il est écrit :

« *Toutes choses ont été faites par lui, et rien de ce qui a été fait ne l'a été sans lui.* » (Jean, ch. 1ᵉʳ, v. 3.)

On objecte que le Christ après sa « résurrection » avait une autre manière d'être que pendant sa « vie ». Cette objection tombe d'elle-même si l'on songe, comme le dit l'Evangile, que pendant ces quarante jours Jésus *but et mangea* avec ses disciples *comme auparavant*. La seule différence que l'on remarque, c'est qu'il disparaissait et apparaissait d'une façon plus marquée qu'avant sa « mort », voulant donner en cela un exemple de la vie spiritualisée, car, nous devons le reconnaître, la vie de Jésus n'a été qu'un exemple d'amour et de spiritualité (1).

Voici ce qu'on lit, à ce sujet, dans Michel de Figanières, *Vie universelle*, vol. I, page 202 :

« Dieu visite toutes ses humanités par l'intermédiaire des Messies, ses représentants divins, célestes, soniques en réalité et, *en apparence*, de la

---

(1) Pourquoi Jésus, notre modèle en toutes choses, ne se maria-t-il point ?...

nature de chaque globe. Ils descendent *fluidiques* sur leurs planètes par les sentiers des mondes spirituels, la hiérarchie solaire et les voies fluidiques lumineuses. Arrivés après leur cortège, *céleste renfort qui les précéda*, de précurseurs auxiliaires de l'unité planétaire, ils s'incarnent dans une *enveloppe enfantine* humaine, *divinement préparée à cet effet*; célestes intuitivement par leur âme, immense de pureté d'amour et de force, par leur volonté intérieure; hommes par leur volonté extérieure et par leur corps.

« Un Messie de Dieu, toujours et partout le même, car il représente uniformément la volonté de Dieu, apparaît trois fois sur une planète, à trois reprises différentes et successives.

« Il descend, la première fois, au milieu de l'humanité *sous la forme matérielle*. Il est *fluidique spirituel* à sa seconde venue ; *fluidique divin*, à la troisième. Il est pour l'humanité, comme l'a dit de lui-même le Christ, la voie, la vie et la vérité.

« Messie matériel, *selon l'apparence extérieure*, céleste sonique en réalité, l'homme-Dieu, fils aîné du Père céleste, vient, à son premier passage, indiquer à l'humanité embryonnaire encore, étrangère à la connaissance de son âme, presque comme si elle n'en avait pas, la voie qu'elle doit suivre. Il vient lui présenter le modèle de l'homme moral dont elle est grosse ; lui annoncer, par sa parole, seule, vrai Verbe divin, le sommaire de la loi de Dieu, *la loi d'amour*. Il vient lui donner les renseignements d'un père à ses enfants faibles de corps et ignorants; les engager à aimer Dieu en s'aimant les uns les autres. Il vient leur inculquer, par son exemple, la pratique de sa doctrine d'amour laissant toutefois au libre arbitre humain le soin de l'expliquer selon sa nature. Il couronne cette première partie de sa mission divine par son ascension glorieuse, *modèle de l'ascension de l'humanité harmonieuse*. Par cette ascension, le Messie promu au grade de Grand Messager fluidique lumineux divin, va s'asseoir à la droite de son père, c'est-à-dire au tribunal suprême de la conscience des mondes. De là, il a l'œil sur sa planète et la soutient de la vertu de son Esprit (1).

« Grand Messager divin, donc, à sa seconde venue, Messie spirituel, le Verbe est affranchi des entraves imposées par le dogme du libre arbitre aux enseignements du premier Messie. Préparée à

---

(1) Il fallait que le Christ souffrît pour entrer dans sa gloire. (Luc, ch. XXIV, v. 26.)

l'avance par des progrès constants matériels et moraux, grâce aux travaux des précurseurs de l'Esprit de vérité, attachés à l'œuvre du Messie, l'humanité possède à cette époque tous les moyens propres à faire fructifier la doctrine d'amour semée par le premier Messie, et cultivée en raison de la nature humaine.

« Plus explicite en face d'une humanité plus forte et devenue capable de porter les développements de la science divine, le Messie spirituel, la « *vie* » même cette fois, ouvre à cette humanité, sans résistance possible et à deux battants, les portes de la vie, et fait passer l'homme moral à l'état d'homme spirituel, en s'incarnant en lui, *en tout homme de bonne volonté* (1). Esprit, il donne définitivement à l'humanité, avec les moyens d'application, le code des lois divines, ineffaçable, inaltérable désormais pour elle, inattaquable aux efforts réunis des influences mauvaises, neutralisées par l'influence spirituelle du Messie, inaugurant par le don du miroir de vérité la puberté de cette humanité, l'harmonie planétaire, la solidarité universelle, le règne de Dieu

---

(1) Le deuxième Messie est l'Esprit de vérité incarné dans le spiritisme.

enfin, annoncé lors du passage sur la planète du Messie matériel.

« Messie céleste lumineux à son troisième et dernier passage sur la planète, l'Envoyé divin, fils aîné de Dieu, âme humaine cependant, mais épurée au degré suprême, a conservé toute son essence céleste. Son arrivée signale la pleine harmonie d'une humanité qu'il vient élever, par la connaissance complète de la vérité lumineuse, au plus haut degré de maturité assigné à un monde de la nature de son globe. De l'homme spirituel, il fait l'homme céleste lumineux, l'Homme-Dieu, dont le premier Messie était le modèle, et préside enfin, avec l'aide des Grands Messagers, à la transformation, *à l'ascension glorieuse de sa planète* (1). »

Voici maintenant les objections et considérations morales. « Si le Christ, dit-on, n'a eu qu'un corps fluidique, il n'a éprouvé ni la douleur ni la souffrance. S'il n'a pas souffert, la scène du jardin des Oliviers, sa passion et son agonie ne sont qu'un vain simulacre et qu'une comédie indigne qui lui enlèvent tout le mérite qu'il peut avoir à nos yeux. »

Les souffrances et les douleurs sont de deux

(1) C'est l'époque prédite sous le nom de « fin du monde. »

sortes : physiques et morales. Plus l'être qui est appelé à les subir est primitif, plus les souffrances physiques le touchent et moins les souffrances morales l'émeuvent.

A mesure que l'être s'élève, à mesure que son idéal grandit, il fait peu de cas des privations, pas plus que des jouissances matérielles, et il offre volontiers sa vie pour le triomphe d'une idée. C'est ainsi qu'on a vu les héros et les martyrs, au milieu des plus cruels supplices, mourir le sourire sur les lèvres. Voyez Jeanne d'Arc, Jean Hus, Savonarole et tous les grands persécutés, et dites si chez eux la souffrance morale ne dépassait pas la douleur physique ?

Mais sans chercher les exemples si haut, quel est celui d'entre nous qui, voyant souffrir quelqu'un des siens, n'éprouverait pas les mêmes tortures que l'être aimé ? Croit-on que la mère qui verrait massacrer son enfant sous ses yeux ne souffrirait pas plus que lui !

Il est démontré que la douleur physique engourdit peu à peu l'être qui la ressent ; c'est ce qui fait qu'un blessé, par exemple, perd le plus souvent connaissance si la souffrance est très violente. D'autre part, l'état psychologique dans lequel il se trouve alors neutralise quelquefois complètement la douleur : témoin les religieuses de Loudun, qui ne ressentaient absolument rien des affreux traitements qu'elles s'infligeaient.

Eh bien, pensera-t-on que, dans la *passion* du Christ, il faille ne tenir compte que de la douleur physique ? Est-ce que les coups de la flagellation, du couronnement d'épines, du crucifiement ne se répercutaient pas moralement sur son âme? Quelle différence y aurait-il eu alors entre ce martyr divin et les deux larrons qui partageaient son supplice? et quel était le plus douloureux pour lui ou d'être crucifié, ou d'être mis au rang des criminels?

Et c'est ici que la question se présente par son côté vraiment grandiose. Se figure-t-on cet Esprit pur, un Messie de l'ordre le plus élevé, quitter les splendeurs célestes pour venir faire quoi? Remettre sur la voie droite une humanité déchue ; être exposé à se voir insulté, vilipendé comme nul ne le fut jamais ; être condamné, lui la Lumière du monde (1), à venir parlementer avec un Caïphe, un Hérode, un Pilate ; être obligé de se réclamer constamment de son Père céleste pour faire accepter sa mission, malgré les bienfaits qu'il semait sous

(1) Jean, ch. VIII, v. 12.

ses pas; être flagellé, bafoué, sali, par une vile multitude ameutée contre lui; être enfin abandonné, trahi, renié par les siens, par ceux même qu'il s'était plu à combler de son amour; et cela après une vie douloureuse, fluidiquement parlant; car il ne faut pas se le dissimuler : être attaché matériellement pendant de longues années à un corps périspritique doit être pour un Esprit de cette élévation une chaîne horrible et un supplice sans égal.

Et qui nous prouve, au fait, qu'une incarnation fluidique sur un monde matériel ne soit pas une grande souffrance et d'un dévouement admirable de la part d'un Esprit pur !

Descendons de ces hauteurs, et reportons-nous encore un instant à l'apparition tangible de Katie.

Que de fois W. Crookes a constaté son état visible de fatigue et de souffrance réelle. Du reste elle-même l'a avoué en disant qu'en accomplissant pendant trois ans ces manifestations physiques, *elle avait passé une vie bien pénible pour expier ses fautes* (1).

(1) Tous les grands médiums à effets physiques savent dans quel état les mettent les manifestations ostensibles. (Voyez Home : *Révélations sur ma vie surnaturelle.*)

Or, croit-on que le Christ ait eu des fautes à expier, lui qui seul a pu dire au monde : Qui de vous me convaincra de péché (2)?

La mission de Jésus est donc une mission d'amour et de dévouement incomparable, et dont l'humanité serait, encore aujourd'hui, bien peu digne. Que ceux qui veulent voir couler son sang et l'entendre gémir le renient ; pour nous, son dévouement et son amour nous suffisent. Oh! il avait bien raison, au jardin des Oliviers, de dire à Dieu : *Éloignez de moi ce calice!* Et si un ange est venu le fortifier qui sait si ce n'était pas un des Messies célestes qui, avant lui déjà, avait passé par les mêmes douleurs !

Niera-t-on maintenant ses mérites ; et cette parole de saint Luc : « Il fallait qu'il souffrît pour entrer dans sa gloire, » n'est-elle pas pleinement réalisée?

Mais, ajoute-t-on, pourquoi le Christ ne se serait-il pas incarné matériellement?

À cela il y a deux réponses à faire : 1° l'incarnation matérielle ne peut être subie que dans le cas de déviation, *puisqu'elle est la conséquence*

---

(2) Jean, ch. VIII, v. 46.

d'une chute; et dans les cas de mission ordinaire, tout Esprit qui y est soumis appartient à la catégorie des réhabilités ; 2° l'incarnation matérielle d'un Esprit pur est impossible, et c'est là que serait le « miracle », *car ce serait une dérogation aux lois éternelles;* l'Esprit pur voulût-il s'incarner, le corps humain ne pourrait le contenir (1).

Toutes ces vérités sont rendues sensibles dans l'ouvrage de J.-B. Roustaing, que nous préconisons à juste titre, non seulement parce qu'il ne s'écarte en rien de la doctrine du *Livre des Esprits* et du *Livre des Médiums,* comme l'a dit Allan Kardec lui-même (2), mais parce qu'il ouvre à l'esprit humain un horizon sans limites, en faisant entrevoir la possibilité d'études de plus en plus profondes sur l'infini.

Le spiritisme ne vient pas imposer des dogmes nouveaux : il expose les vérités éternelles ; à nous d'accepter ou de rejeter, selon notre libre arbitre.

Mais à quelque point de vue que nous nous placions, rappelons-nous ces belles paroles du *Livre*

---

(1) L'Esprit pur *ne s'incarne pas dans des corps périssables* (Voyez le *Livre des Esprits*, page 49 : Purs Esprits.)

(2) *Revue spirite,* juin 1866.

des Esprits, d'Allan Kardec, et des *Évangiles* de Roustaing :

« Quels que soient le *mode de progression* que
« l'on suppose ou les *conditions normales* de
« l'existence future, le but final est le même :
« faire le bien ; or, il n'y a pas deux manières de
« le faire (1). »

« Quelle que soit votre opinion sur la nature
« et l'origine de Christ, — que vous le croyiez
« matière ou fluide, homme-Dieu ou Messie, —
« admirez sa figure *rayonnant au-dessus de vous* ;
« admirez son dévouement et son amour ; faites
« tous vos efforts pour l'imiter, et vous serez cer-
« tains de parvenir, *un jour prochain*, dans la lu-
« mière et la vérité (2). »

(1) *Livre des Esprits*, page 466.
(2) J. B. Roustaing, vol. 1, page 266.

CHAPITRE VII

APPENDICE. — NOS POÈTES.

La chute originelle, comme toutes les grandes épopées, a eu ses chantres inspirés. Si Homère, Virgile et le Tasse ont chanté les combats et les victoires de la terre, Milton, Klopstock et le Dante ont célébré les luttes et les triomphes du Ciel. Mais ces grands poètes, trop limités par les exigences des dogmes traditionnels, n'ont pas osé, malgré leur génie, rompre avec les idées reçues. Il appartenait à la libre pensée moderne de briser les chaînes de la scolastique et de faire luire la vérité dans tout son éclat. C'est à la France que revient cet honneur, car citer les noms de Lamartine et de Victor Hugo, c'est du même coup évoquer ce que le spiritualisme moderne a produit, en poésie, de plus élevé et de plus sublime.

« L'idée religieuse, dit Lamartine, quelque di-
« vine qu'elle soit dans son principe, lorsqu'elle
« devient culte et institution humaine, tombe dans
« des mains d'homme et devient susceptible, par
« ce contact, de participer à l'action des temps.
« En traversant des âges de ténèbres, d'ignorance
« et de superstition, le rayon le plus pur peut con-
« tracter quelque chose de la nuit même qu'il a
« imparfaitement dissipée. Il arrive que les ténè-
« bres et la lumière, les fantômes et les réalités
« restant confondus, l'esprit humain repousse le
« tout et reste sans culte et sans législation reli-
« gieuse, ou bien qu'il professe des lèvres ses
« symboles ainsi discrédités et n'obéit plus en
« esprit à la loi dont il suit encore les préceptes.
« C'est le pire des états, pour la société, car la foi
« y devient une convention politique, et le culte
« une cérémonie ; et, pendant ce temps, la vérité
« souffre ou sommeille dans beaucoup de cœurs.
« Les nations qui vivent dans ce faux semblant
« d'habitudes sans efficacité sur les croyances et
« sur les mœurs, sont les sépulcres blanchis de la
« parabole. Pour que ces saintes institutions

« soient puissantes, la religion et la raison doi-
« vent concorder; il faut que l'intelligence trouve
« en elle-même la sanction et l'admiration de sa
« foi. *La conscience obéit mal lorsque l'esprit doute;*
« les symboles ne sont faits que pour assister l'in-
« telligence, et non pour s'interposer comme des
« nuages entre Dieu et nous. Je pense que c'est
« l'œuvre de ce temps, l'œuvre des hommes de
« bonne volonté et de pieuse nature, d'écarter le
« plus possible de ces nuages qui empêchent le
« sentiment religieux de prévaloir plus complète-
« ment. Plus Dieu sera visible, mieux il sera
« adoré. Séparer la foi de la raison, c'est éteindre
« le soleil pour substituer à la lumière de l'astre
« permanent et universel la lueur d'une lampe que
« l'homme porte en chancelant, et que l'on peut
« cacher avec la main. Il faut que la contradiction
« cesse entre ces deux clartés pour les multiplier
« et les étendre. »

C'est dans cet ordre d'idées que Lamartine
a écrit *La Chute d'un ange*, où il a voulu
« peindre l'état de dégradation et d'avilissement
« où l'humanité était tombée après cet état pri-
« mitif, presque parfait, que toutes les traditions
« sacrées lui attribuent à son origine. Les an-

« goisses d'un Esprit céleste incarné par sa faute
« au milieu de cette société brutale et perverse où
« l'idée de Dieu s'était éclipsée, et où le sensua-
« lisme le plus abject s'était substitué à toute spi-
« ritualisation et à toute adoration. Ce sujet, c'est
« l'âme humaine, c'est la métempsycose de l'es-
« prit; ce sont les phases qu'il parcourt pour ac-
« complir ses destinées perfectibles et arriver à
« ses fins par les voies de la Providence et par
« ses épreuves sur la terre (1). »

Le sujet de ce poëme est éminemment spirite, on le voit, et le plus propre à éveiller en nous le sentiment de notre origine. Nous en extrayons la scène de la chute, dans laquelle nous trouvons, en beaux vers, un souvenir de la tradition édénique :

. . . .

Or en ces jours, mon fils, tous les êtres vivants,
Qu'ils nagent dans les eaux ou volent sur les vents,
Du soleil au ciron, de la brute à la plante,
Étaient tous animés par une âme parlante ;
L'homme n'entendait plus cet hymne à mille voix
Qui s'élève des eaux, des herbes et des bois ;
De ces langues sans mots, depuis sa décadence,
Lui seul avait perdu la haute intelligence,
Et l'insensé déjà croyait, comme aujourd'hui,
Que l'âme commençait et finissait en lui ;

(1) *La Chute d'un ange.* Introduction.

Comme si du Très-Haut la largesse infinie
Épargnait la pensée en prodiguant la vie !
Et comme si la vie avait un autre emploi,
Père, que de t'entendre et de parler à toi !
Mais bien qu'aux hommes sourds ces voix de la nature
Ne parussent qu'un vague et stupide murmure,
Les Anges répandus dans l'Ether de la nuit
D'une impalpable oreille en aspiraient le bruit ;
Car du monde réel à leur monde invisible
L'échelle continue était plus accessible ;
Aucuns des échelons de l'être ne manquaient,
Tous les enfants du ciel entre eux communiquaient ;
Des esprits et des corps l'indécise frontière
N'élevait pas entre eux d'aussi forte barrière.
L'homme entendait l'esprit ; l'être immatériel,
Habitant l'infini que l'homme appelle ciel,
Uni par sympathie à quelque créature,
Pouvait changer parfois de forme et de nature,
Et dans une autre sphère introduit à son gré
Pour parler aux mortels descendre d'un degré (1).
. . . .
De ces esprits divins dont sont peuplés les cieux,
Les anges étaient ceux qui nous aimaient le mieux.
Invisibles témoins de nos terrestres drames,
Leurs yeux ouverts sur nous pleurent avec nos âmes ;
De la vie à nos pas éclairant les chemins,
Ils nous tendent d'en haut leurs secourables mains.
C'est pour eux que sont faits ces divers phénomènes
Dont l'homme n'entrevoit que les lueurs lointaines ;
Et pour eux la nature est un saint instrument
Dont l'immense harmonie éclate à tout moment.
. . . .

(1) Cela se passe ainsi sur les mondes fluidiques où les Esprits sont placés au début.

A cette heure où du jour le bruit va s'assoupir,
Pour entendre du soir l'insensible soupir,
Quelques-uns d'eux errant dans ces demi-ténèbres,
Étaient venus planer sur les cimes des cèdres.
Des étoiles aux mers, comme pleine de sens,
La montagne n'était qu'un orgue aux mille accents.
Il eût fallu Dieu même et l'oreille infinie
Pour démêler les voix de la vaste harmonie (1).

. . . .
. . . .

Quand l'hymne aux mille voix se fut évaporé,
Les Esprits, pleins du nom qu'il avait adoré,
S'en allèrent, ravis, porter de sphère en sphère
L'écho mélodieux de ces chants de la terre..
Un seul, qui contemplait la scène de plus bas,
Les regarda partir et ne les suivit pas.
Or, pourquoi resta-t-il caché dans le nuage?
C'est qu'au pied d'un grand cèdre, à l'abri du feuillage,
Un objet pour lequel il oubliait les cieux
Semblait comme enchaîner sa pensée et ses yeux.
Oh! qui pouvait d'un ange ainsi ravir la vue?
C'était parmi les fleurs une belle enfant nue,
Qui, sous l'arbre le soir, surprise du sommeil,
N'avait vu ni baisser ni plonger le soleil,
Et qui, seule au départ des tribus des montagnes,
N'avait pas entendu l'appel de ses compagnes.
Sa mère sur son front n'avait encor compté
Depuis son lait tari que le douzième été ;
Mais dans ces jours de force où les sèves moins lentes
Se hâtaient de mûrir les hommes et les plantes,
Treize ans pour une vierge étaient ce qu'en nos jours
Seraient dix-huit printemps pleins de grâce et d'amours.

(1) On croit entendre les soupirs de la harpe d'Ossian, cet autre chantre des Esprits.

Non loin d'un tronc blanchi de cèdre, où dans les herbes
L'astre réverbéré rejaillissait en gerbes,
Un rayon de la lune éclairait son beau corps ;
D'un lac pur et dormant ses pieds touchaient les bords,
Et quelques lis des eaux pleins de parfums nocturnes
Recourbaient sur son corps leurs joncs verts et leurs urnes.
Son bras droit qu'elle avait ouvert pour sommeiller,
Arrondi sous son cou lui servait d'oreiller ;
L'autre, suivant des flancs l'onduleuse courbure,
Replié de lui-même autour de la ceinture,
Noyait sa blanche main et ses doigts effilés.
Dans ces débris de fleurs de son doux poids foulés,
Comme si dans un rêve elle froissait encore
Les débris de ses jeux sur leur tige inodore.
On eût cru voir briller devant soi dans un rêve,
Au jardin d'innocence, une vision d'Eve.

. . . .
. . . .

L'ange, pour la mieux voir écartant le feuillage,
De son céleste amour l'embrassait en image,
Comme sur un objet que l'on craint d'approcher
Le regard des humains pose sans y toucher.
— Daïdha, disait-il, tendre faon des montagnes !
Parfum caché des bois ! ta mère et tes compagnes
Te cherchent en criant dans les forêts. Pourquoi
Ai-je oublié le ciel pour veiller là sur toi ?
C'est ainsi chaque jour : tous les anges mes frères
Plongent au firmament et parcourent les sphères ;
Ils m'appellent en vain, moi seul je reste en bas.
Il n'est plus pour mes yeux de ciel où tu n'es pas !
Oh ! sous mes yeux charmés depuis que tu grandis,
Mon destin immortel combien je le maudis !
Combien de fois, tenté par un attrait trop tendre,
Ne pouvant t'élever, je brûlai de descendre,
D'abdiquer ce destin, pour t'égaler à moi,

Et de vivre ta vie en mourant comme toi!
Combien de fois ainsi dans mon ciel solitaire
Lassé de mon bonheur et regrettant la terre,
Ce cri, ce cri d'amour dans mon âme entendu
Sur mes lèvres de feu resta-t-il suspendu!
Fais-moi mourir aussi, Dieu qui la fis mortelle!
Etre homme! quel destin!... oui, mais être aimé d'elle!
Mais aimer, être aimé, d'un mutuel retour!
Ah! l'ange ne sait pas ce que c'est que l'amour!
Etre unique et parfait qui suffit à soi-même,
Non, il ne connaît pas la volupté suprême
De chercher dans un autre un but autre que lui,
Et de ne vivre entier qu'en vivant en autrui!
Il n'a pas comme l'homme au milieu de ses peines
La compensation des détresses humaines,
La sainte faculté de créer en aimant
Un être de lui-même image et complément,
Un être où de deux cœurs que l'amour fond ensemble
L'être se multiplie en un qui leur ressemble!
. . . .
Jéhova, ce soupir est-il donc un blasphème?
Et moi si malheureux, si seul, est-ce que j'aime?
Et comment, ô mon Dieu, ne l'aimerais-je pas?
N'ai-je pas eu toujours les yeux fixés en bas?
. . . .
Et maintenant enfin pour mon œil enchanté
O spectacle trop plein d'amère volupté
Qui fait fondre mon âme et fascine ma vue!
Voir cette âme d'enfant naïve et toute nue
Palpiter au contact d'un sentiment nouveau,
Comme au bord de son nid l'aile d'un jeune oiseau;
Se pénétrer d'un feu qui cache encor sa flamme,
Rougir de sa pensée en sentant qu'elle est femme;
Exhaler, solitaire et rêveuse, en soupir
Cet instinct que la nuit ne peut même assoupir;

Au foyer d'un cœur pur concentrer ses tendresses,
De ses yeux, de sa main, retenir les caresses,
Rêver sur quel objet ce vague sentiment
S'épandra, de l'amour divin pressentiment !
. . . .
Aussi, grâce à ce corps dont je prends l'apparence,
Elle voit les mortels avec indifférence,
Et son cœur n'a d'amour que pour ce front charmant
Que mon instinct jaloux lui présente en dormant.
Oh ! que devant ses yeux nul autre ne l'efface !
Daïdha ! que ne puis-je animer cette glace
Où sous des traits menteurs chaque nuit tu me vois !
Lui souffler mes transports, lui donner une voix
Pour dire à ton oreille étonnée et ravie,
Des mots assez brûlants pour consumer ta vie !
Si Dieu me permettait seulement quand tu dors,
Sur mes ailes d'amour d'enlever ce beau corps,
De te bercer au ciel dans cet air diaphane,
D'avoir aussi des sens de ce limon profane,
Pour voir à ton réveil éclore dans tes yeux
Un rayon plus vivant que ces lueurs des cieux,
Pour toucher ces cheveux dont le réseau te voile,
Plus noirs sur ton cou blanc que la nuit sans étoile !
Respirer sur ta lèvre un souffle suspendu,
Ou comme ce reflet de l'astre descendu
T'enveloppant de jour, de tiédeur, de mystère,
De mon brûlant regard te faire une atmosphère !
Oh ! si pour te parler je pouvais seulement
Transfigurer mon être et descendre un moment ! ! !
Mais déchoir de sa race est l'éternelle honte :
Dieu souffre qu'on descende, et jamais qu'on remonte !
Des anges consumés du même feu que moi
Ont éprouvé, dit-on, cette inflexible loi,
Et, du ciel attirés par les filles des hommes,
N'ont jamais pu d'en bas remonter où nous sommes !

Dégradés pour toujours d'un sort presque divin,
Condamnés à mourir, à renaître sans fin,
Ces exilés d'en haut, séparés de leurs frères,
Sans avoir leur espoir subissant leurs misères,
Ne peuvent revenir au rang qu'ils ont quitté
Qu'après avoir mille ans sur ce globe habité,
Et dans un long cercle d'épreuves successives,
Lentement reconquis leurs splendeurs primitives :
Anges transfigurés, il leur faut à leur tour
D'homme devenir ange !... Oh! pénible retour!
Humiliant exil dans cet enfer de larmes!
Et pourtant, ils l'ont fait pour de bien moindres charmes,
Et pourtant, entraîné comme d'un poids fatal,
Moi-même j'ai maudit cent fois mon ciel natal !
Oh! d'amour et d'orgueil furieuse tempête,
Ne t'apaiseras-tu jamais?... Charmante tête
Qui dors sans soupçonner mon trouble et mes remords;
Puisque je suis ton rêve, oh! dors, belle enfant, dors!

Et Daïdha dormait, et de ce blanc visage
La lune repliait son jour sous le feuillage,
Et l'ange dont l'amour perçait l'obscurité
Voyait la sombre nuit luire de sa beauté.

. . . .

Le poète décrit ici une scène inouïe de sauvagerie de ces peuples primitifs auxquels il fait allusion, et dont la victime n'est autre que Daïdha, que de féroces chasseurs veulent enlever pendant son sommeil. Puis il continue :

Or, de ce long supplice invisible témoin,
L'ange de Daïdha, Cédar, n'était pas loin.

Arraché par ses cris à son ravissement,
Écrasé de stupeur et d'étourdissement,
Il était demeuré sans regard, sans parole,
Comme un homme qui passe et dont l'âme s'envole.
Avant Daïdha même il avait tout senti;
D'un cœur à l'autre, hélas! tout avait retenti;
Chaque goutte d'horreur des membres de la femme
Avait sué des siens et coulé de son âme.
Il avait vu l'enfant surprise en son sommeil;
Il avait écouté le sinistre conseil;
Il avait entendu quel infâme salaire
De son rêve idéal les chasseurs comptaient faire,
Et comment les brigands se dépeçaient entre eux
Celle que redoutait ses regards amoureux!
Il avait espéré que pendant leur dispute
Ses frères reviendraient terminer cette lutte,
Et de leurs bras trompés sauvant leur jeune sœur,
Terrasser à ses pieds l'infâme ravisseur;
Mais quand il avait vu les sept hommes dans l'ombre,
Sur sa trace accourus, multiplier leur nombre,
Et dans les nœuds d'acier, Daïdha, ses amours,
Trébucher et rouler sans espoir de secours,
Et sous le lourd filet, sur la terre écrasée,
Se débattre en mêlant son sang à la rosée :
Comme une mère en pleurs dont l'affreux lionceau
Vient d'emporter l'enfant dormant dans son berceau,
Plongeant ses bras fumants sous la dent qui le broie,
Membre à membre en lambeaux lui dispute sa proie,
L'ange par son amour vaincu plus qu'à moitié,
N'avait pu retenir l'élan de sa pitié.
S'oubliant tout entier pour la vierge qu'il aime,
Il s'était à l'instant précipité lui-même;
Le désespoir jaloux qui l'avait surmonté
Avait anéanti toute autre volonté.
Un désir tout-puissant avait changé son être;

Il était devenu ce qu'il eût tremblé d'être,
Et d'un corps terrestre et de sens revêtu,
D'une nature à l'autre il s'était abattu.

Au moment redoutable où changeait sa nature,
Semblable au cri rongeur du remords qui murmure,
Il avait dans son âme entendu retentir
Ce cri : « L'arrêt divin n'a point de repentir.
« Tombe, tombe à jamais, créature éclipsée !
« Périsse ta splendeur jusque dans ta pensée !
« Savoure jusqu'au sang le bonheur des humains.
« *Tu déchires ta gloire avec tes propres mains;*
« Ta vie au fond du cœur n'aura pas l'espérance,
« Tu n'auras pas comme eux la mort pour délivrance,
« Au lieu d'une ici-bas tu subiras cent morts,
« Dieu te rendra ta vie et la terre ton corps.
« *Tant que tu n'auras pas racheté goutte à goutte*
« Cette immortalité qu'une femme te coûte ! »
Mais l'arrêt formidable en tombant entendu,
Avec le souvenir de son destin perdu,
Tout était déjà vague et loin dans sa mémoire.
Il ne lui restait rien de sa première gloire,
Rien du ciel, rien de lui, qu'un morne étonnement,
Je ne sais quel instinct et quel pressentiment
Du présent, du passé, de hautes destinées,
Semblable dans son âme aux images innées,
Où l'homme rencontrant un objet imprévu
Reconnaît d'un coup d'œil ce qu'il n'a jamais vu.

. . . .

L'ange Cédar, *image de la race adamique,* est incarné. Son existence n'est qu'un tissu de misères sans nom au milieu de cette société barbare, déchue comme lui. Il devient en possession de l'ob=

jet de son amour, mais dans des conditions tellement pénibles, qu'après une vie de souffrances et de douleurs inouïes il se retourne contre le ciel en blasphémant, et met fin à son supplice par le suicide, ajoutant une nouvelle chute à la première. L'imprécation qu'il lance à la terre au moment de mourir rappelle ces terribles paroles de la Genèse :

« *La terre sera maudite à cause de toi; elle ne produira que des ronces et des épines, et tu mangeras ton pain à la sueur de ton front* (1). »

« O terre ! criait-il, ô marâtre de l'homme !
« Sois maudite à jamais dans le nom qui te nomme !
« Dans tout grain de ton sable, et tout brin de gazon
« D'où la vie et l'esprit sortent comme un poison;
« Dans la sève de mort qui sous ta peau circule,
« Dans l'onde qui t'abreuve et le feu qui te brûle,
« Dans l'air empoisonné qui te fais respirer.
« A l'être, ton jouet, qui naît pour expirer !
« Dans ses os, dans sa chair, dans son sang, dans sa fibre,
« Où le sens du supplice est le seul sens qui vibre !
« Où de la vie au sein les palpitations
« Ne sont de la douleur que les pulsations !
« Où l'homme, cet enfant d'outrageante ironie,
« Ne mesure son temps que par son agonie !
« Où ce souffle animé qui s'exhale un moment,
« Ne se connaît esprit qu'à son gémissement !
« Tout être que de toi l'inconnu fait éclore
« *Gémit en t'arrivant, en s'en allant t'abhorre !*

(1) *Genèse*, ch. III, v. 17-19.

« Nul homme ne se lève un jour sur son séant
« Que pour frapper du pied et pleurer le néant !
« Que maudite à jamais, qu'à jamais effacée,
« Soit l'heure lamentable où je t'ai traversée !
« Que ta fange m'oublie et ne conserve pas
» Une heure seulement la trace de mes pas !
« Que le vent qui te touche à regret de ses ailes,
« De nos corps consumés disperse les parcelles !
« Que sur ta face, ô terre, il ne reste de moi
« Que l'imprécation que je jette sur toi ! »

. . . .
. . . .

Tout l'univers tourna dans sa tête insensée :
Il n'eut plus qu'une soif, un but, une pensée,
Anéantir son âme et la jeter au vent.
Comme un gladiateur blessé se relevant,
Il cueillit sur les flancs des arides collines
Une immense moisson de ronces et d'épines ;
Autour du groupe mort (1) où son pied les roula
En bûcher circulaire il les accumula,
Dans ce cercle funèbre il s'enferma lui-même,
Et pour hymne de mort vomissant le blasphème,
Sur ce mur inflammable, élevé lit sur lit,
Il frappa le caillou dont le feu rejaillit ;
Puis, prenant dans ses bras ses enfants et sa femme,
Ces trois morts sur le cœur il attendit la flamme.

. . . .

La flamme, en serpentant dans l'énorme foyer
Que le vent du désert fit bientôt ondoyer,
Comme une mer qui monte au naufrage animée,
L'ensevelit vivant sous des flots de fumée.
L'édifice de feu par degrés s'affaissa.
Du ciel sur cette flamme un Esprit s'abaissa.

(1) Son épouse et ses deux enfants, morts d'inanition.

Et d'une aile irritée éparpillant la cendre :
« Va ! descends, cria-t-il, toi qui voulus descendre !
« Mesure, Esprit tombé, ta chute à ton remord !
« Dis le goût de la vie et celui de la mort !
« *Tu ne remonteras au ciel qui te vit naître*
« *Que par les cent degrés de l'échelle de l'être*;
« Et chacun en montant te brûlera le pié ;
« Et ton crime d'amour ne peut être expié
« Qu'après que cette cendre aux quatre vents semée,
« Par le temps réunie et par Dieu ranimée,
« *Pour faire à ton esprit de nouveaux vêtements*
« Aura repris ton corps à tous les éléments,
« Et prêtant à ton âme une enveloppe neuve,
« Renouvelé neuf fois ta vie et ton épreuve,
« A moins que le pardon, justice de l'amour
« Ne descende vivant dans ce mortel séjour ! »
. . . .

Alfred de Vigny, dans « *Eloa* », a également paraphrasé le drame du Paradis perdu. L'Esprit qu'il met en scène est présenté sous la forme féminine. Voici le moment où Eloa apparaît dans les cieux :

Toute parée, aux yeux du Ciel qui la contemple,
Elle marche vers Dieu comme une épouse au Temple ;
Son beau front est serein et pur comme un beau lis,
Et d'un voile d'azur il soulève les plis ;
Ses cheveux partagés, comme des gerbes blondes,
Dans les vapeurs de l'air perdent leurs molles ondes.
Ses ailes sont d'argent ; sous une pâle robe,
Son pied blanc tour à tour se montre et se dérobe,
Et son sein agité, mais à peine aperçu,
Soulève les contours du céleste tissu.
. . . .

« Heureux, chantaient alors des voix incomparables,
« Heureux le monde offert à ses pas secourables !
« Quand elle aura passé parmi les malheureux
« L'esprit consolateur se répandra sur eux.
« Quel globe attend ses pas ? Quel siècle la demande ?
« Naîtra-t-il d'autres cieux afin qu'elle y commande ? »
. . . .

. . . .

Un jour les habitants de l'immortel empire,
Imprudents une fois, s'unissaient pour l'instruire.
« Éloa, disaient-ils, oh ! veillez bien sur vous :
« Un ange peut tomber ; le plus beau de nous tous
« N'est plus ici : pourtant dans sa vertu première
« On le nommait celui qui porte la lumière ;
« Car il portait l'amour et la vie en tous lieux,
« Aux astres il portait tous les ordres de Dieu ;
« La Terre consacrait sa beauté sans égale,
« Appelant Lucifer l'étoile matinale,
« Diamant radieux, que sur son front vermeil,
« Parmi ses cheveux d'or a posé le Soleil.
« Mais on dit qu'à présent il est sans diadème,
« Qu'il gémit, qu'il est seul, que personne ne l'aime,
« Que la noirceur d'un crime appesantit ses yeux,
« Qu'il ne sait plus parler le langage des cieux ;
« La mort est dans les mots que prononce sa bouche ;
« Il brûle ce qu'il voit, il flétrit ce qu'il touche ;
« Il ne peut plus sentir le mal ni les bienfaits ;
« Il est même sans joie aux malheurs qu'il a faits.
« Le Ciel qu'il habita se trouble à sa mémoire,
« Nul Ange n'osera vous conter son histoire,
« Aucun saint n'oserait dire une fois son nom. »
Et l'on crut qu'Éloa le maudirait ; mais non,
L'effroi n'altéra point son paisible visage,
Et ce fut pour le ciel un alarmant présage.
Son premier mouvement ne fut pas de frémir,

Mais plutôt d'approcher comme pour secourir ;
La tristesse apparut sur sa lèvre glacée,
Aussitôt qu'un malheur s'offrit à sa pensée ;
Elle apprit à rêver, et son front innocent
De ce trouble inconnu rougit en s'abaissant ;
Une larme brillait auprès de sa paupière,
Heureux ceux dont le cœur verse ainsi la première !

. . . .

Un ange eut ces ennuis qui troublent tous nos jours,
Et poursuivent les grands dans la pompe des cours ;
Mais au sein des banquets, parmi la multitude,
Un homme qui gémit trouve la solitude ;
Le bruit des Nations, le bruit que font les Rois,
Rien n'éteint dans son cœur une plus forte voix.
Harpes du Paradis, vous étiez sans prodiges !
Chars vivants dont les yeux ont d'éclatants prestiges !
Armures du Seigneur, pavillons du saint lieu,
Etoiles des bergers tombant des doigts de Dieu,
Saphirs des encensoirs, or du céleste dôme,
Délices du Nebel, senteurs du Cinnamome,
Vos bruits harmonieux, vos splendeurs, vos parfums,
Pour un Ange attristé devenaient importuns ;
Les cantiques sacrés troublaient sa rêverie,
Car rien n'y répondait à son âme attendrie ;
Et soit lorsque Dieu même appelant les Esprits,
Dévoilait sa grandeur à leurs regards surpris,
Et montrait dans les cieux, foyer de la naissance,
Les profondeurs sans nom de sa triple puissance,
Eloa s'écartant de ce divin spectacle,
Loin de leur foule et loin du Tabernacle
Cherchait quelque nuage où dans l'obscurité
Elle pourrait du moins rêver en liberté.
Les vierges quelquefois pour connaître sa peine,
Formant une prière inentendue et vaine,
L'entouraient, et prenant ces soins qui font souffrir,

Demandaient quels trésors il lui fallait offrir,
Et de quel prix serait son éternelle vie,
Si le bonheur du Ciel flattait peu son envie.
. . . .
Cependant, seule, un jour, leur timide compagne
Regarde autour de soi la céleste campagne,
Etend l'aile et sourit, s'envole, et dans les airs
Cherche sa Terre amie ou des astres déserts.
. . . .
C'est ainsi qu'Eloa, forte dès sa naissance
De son aile argentée essayant la puissance,
Passant la blanche voie où des feux immortels
Brûlent aux pieds de Dieu comme un amas d'autels,
Tantôt se balançant sur deux jeunes planètes,
Tantôt posant ses pieds sur le front des comètes,
Afin de découvrir les êtres nés ailleurs,
Arriva seule au fond des Cieux inférieurs.

L'Ether a ses dégrés, d'une grandeur immense,
Jusqu'à l'ombre éternelle où le chaos commence.
Sitôt qu'un Ange a fui l'azur illimité,
Coupole de saphirs qu'emplit la Trinité,
Il trouve un air moins pur ; là passent des nuages,
Là tournent des vapeurs, serpentent des orages,
Comme une garde agile, et dont la profondeur
De l'air que Dieu respire éteint pour nous l'ardeur.
Mais après nos soleils et sous les atmosphères
Où, dans leur cercle étroit, se balancent nos sphères,
L'espace est désert, triste, obscur, et sillonné
Par un noir tourbillon lentement entraîné.
Un jour douteux et pâle éclaire en vain la nue,
Sous elle est le chaos et la nuit inconnue ;
Et lorsqu'un vent de feu brise son sein profond,
On devine le vide impalpable et sans fond.
Jamais les purs Esprits, enfants de la lumière,

De ces trois régions n'atteignent la dernière.
Et jamais ne s'égare aucun beau séraphin
Sur ces degrés confus dont l'Enfer est la fin.
Même les Chérubins, si forts et si fidèles,
Craignent que l'air impur ne manque sous leurs ailes,
Et qu'ils ne soient forcés, dans ce vol dangereux,
De tomber jusqu'au fond du chaos ténébreux.
Que deviendrait alors l'exilé sans défense ?
Du rire des démons l'inextinguible offense ;
Leurs mots, leurs jeux railleurs, lent et cruel affront,
Feraient baisser ses yeux, feraient rougir son front.
Péril plus grand ! peut-être il lui faudrait entendre
Quelque chant d'abandon voluptueux et tendre,
Quelque regret du Ciel, un récit douloureux
Dit par la douce voix d'un ange malheureux.
Et même, en lui prêtant une oreille attendrie
Il pourrait oublier la céleste patrie,
Se plaire sous la nuit, et dans une amitié
Qu'auraient nouée entre eux les chants de la pitié.
Voilà pourquoi, toujours prudents et toujours sages,
Les Anges de ces lieux redoutent les passages.
C'était là cependant, sur la sombre vapeur,
Que la vierge Éloa se reposait sans peur :
Elle ne se troubla qu'en voyant sa puissance,
Et les bienfaits nouveaux causés par sa présence.
Quelques mondes punis semblaient se consoler ;
Les globes s'arrêtaient pour l'entendre voler.
S'il arrivait aussi qu'en ces routes nouvelles
Elle touchât l'un d'eux des plumes de ses ailes,
Alors tous les chagrins s'y taisaient un moment,
Les rivaux s'embrassaient avec étonnement ;
Tous les poignards tombaient oubliés par la haine ;
Le captif souriant marchait seul et sans chaîne ;
Le criminel rentrait au temple de la loi ;
Le proscrit s'asseyait au palais de son roi ;

L'inquiète Insomnie abandonnait sa proie ;
Les pleurs cessaient partout, hors les pleurs de la joie ;
Et surpris d'un bonheur rare chez les mortels,
Les amants séparés s'unissaient aux autels (1).

. . . .

Ses regards, éblouis par des soleils sans nombre,
N'apercevaient d'abord qu'un abîme et que l'ombre,
Mais elle y vit bientôt des feux errants et bleus
Tels que des froids marais les éclairs onduleux ;
Ils fuyaient, revenaient, puis s'échappaient encore ;
Chaque étoile semblait poursuivre un météore ;
Et l'Ange, en souriant au spectacle étranger,
Suivait des yeux leur vol circulaire et léger.
Bientôt il lui sembla qu'une pure harmonie
Sortait de chaque flamme à l'autre flamme unie.
Ce bruit lointain devint un chant surnaturel,
Qui parut s'approcher de la fille du Ciel ;
Et ces feux réunis furent comme l'aurore
D'un jour inespéré qui semblait près d'éclore.
A sa lueur de rose un nuage embaumé
Montait en longs détours dans un air enflammé,
Puis lentement forma sa couche d'ambroisie,
Pareille à ces divans où dort la molle Asie.
Là, comme un Ange assis, jeune, triste et charmant,
Une forme céleste apparut vaguement.

. . . .

Comme un cygne endormi qui seul, loin de la rive,
Livre son aile blanche à l'onde fugitive,
Le jeune homme inconnu mollement s'appuyait
Sur ce lit de vapeurs qui sous son bras fuyait.

. . . .
. . . .

(1) Cette description d'un monde puni peut s'appliquer exactement à notre globe.

A ces douces lueurs, au magique appareil
De cet Ange si doux, à ses frères pareil,
L'habitante des Cieux, de son aile voilée,
Montait en reculant sur sa route étoilée,
Et luttant par trois fois contre un regard impur,
Une paupière d'or voila ses yeux d'azur.

. . . .

D'où venez-vous, Pudeur, noble crainte, ô mystère,
Qu'au temps de son enfance à vu naître la terre,
Fleur de ses premiers jours qui germez parmi nous,
Rose du paradis ! Pudeur, d'où venez-vous ?
Vous pouvez seule encor remplacer l'innocence,
Mais l'arbre défendu vous a donné naissance ;
Au charme des vertus votre charme est égal,
Mais vous êtes aussi le premier pas du mal ;
D'un chaste vêtement votre sein se décore,
Eve avant le serpent n'en avait pas encore ;
Et si le voile pur orne votre maintien,
C'est un voile toujours, et le crime a le sien.

. . . .

Sous ce pouvoir nouveau, la vierge fléchissait,
Elle tombait déjà, car elle rougissait ;
Déjà presque soumise au joug de l'Esprit sombre,
Elle descend, remonte, et redescend dans l'ombre.

. . . .

Éloa, sans parler, disait : Je suis à toi ;
Et l'Ange ténébreux dit tout bas : Sois à moi !

. . . .
. . . .

Des Anges au chaos allaient puiser des mondes,
Passant avec terreur dans ses plaines profondes,
Tandis qu'ils remplissaient les messages de Dieu,

Ils ont tous vu tomber un nuage de feu.
De plaintes de douleur, des réponses cruelles,
Se mêlaient dans la flamme au battement des ailes.

. . . .
. . . .

Écoutons maintenant Victor Hugo dans « *Les Contemplations* », que le grand poëte appelle les Mémoires d'une âme. Le Livre sixième : *Au bord de l'infini* est le sublime du genre. Voici ce que dit la bouche d'ombre (1) :

« Causons. Dieu n'a créé que l'être impondérable.
Il le fit radieux, beau, candide, adorable,
Mais imparfait; sans quoi, sur la même hauteur,
La créature étant égale au créateur,
Cette perfection, dans l'infini perdue,
Se serait avec Dieu mêlée et confondue,
Et la création, à force de clarté,
En lui serait rentrée et n'aurait pas été.
La création sainte où rêve le prophète,
Pour être, ô profondeur ! devait être imparfaite.

. . . .

« Donc, Dieu fit l'univers, *l'univers fit le mal.*
L'être créé, paré du rayon baptismal,
En des temps dont nous seuls conservons la mémoire,
Planait dans la splendeur sur des ailes de gloire;
Tout était chant, encens, flamme, éblouissement ;
L'être errait, aile d'or, dans un rayon charmant,

---

(1) Nous citons ce qui se rapporte le plus directement à la doctrine spirite. Le second volume des *Contemplations* fourmille d'allusions à la chute, cause de l'incarnation *humaine*.

Et de tous les parfums tour à tour était l'hôte ;
Tout nageait, tout volait. *Or, la première faute*
Fut le premier poids, Dieu sentit une douleur.
Le poids prit une forme, et, comme l'oiseleur
Fuit emportant l'oiseau qui frissonne et qui lutte,
Il tomba, *traînant l'ange éperdu dans sa chute.*
« Ne réfléchis-tu pas lorsque tu vois ton ombre ?
Cette forme de toi, rampante, horrible, sombre,
Qui liée à tes pas comme un spectre vivant,
Va tantôt en arrière et tantôt en avant,
Qui se mêle à la nuit, sa grande sœur funeste,
Et qui contre le jour, noire et dure, proteste,
D'où vient-elle ? De toi, de ta chair, du limon
Dont l'Esprit se revêt en devenant démon ;
De ce corps qui, *créé par ta faute première,*
Ayant rejeté Dieu, résiste à la lumière ;
De ta matière, hélas ! de ton iniquité.
Cette ombre dit : « Je suis l'être d'infirmité ;
« Je suis tombé déjà ; je puis tomber encore. »
L'ange laisse passer à travers lui l'aurore ;
Nul simulacre obscur ne suit l'être anomal ;
Homme, tout ce qui fait de l'ombre a fait le mal.

. . . .

« Le vent d'en haut sur moi passe, et, ce qu'il m'arrache,
Je te le jette ; prends, et vois. Et, d'abord, sache
Que le monde où tu vis est un monde effrayant
Devant qui le songeur, sous l'infini ployant
Lève les bras au ciel et recule terrible.
Ton soleil est lugubre et ta terre est horrible.
Vous habitez le seuil du monde châtiment
Mais vous n'êtes pas hors de Dieu complètement ;
Dieu, soleil dans l'azur, dans la cendre étincelle,
N'est hors de rien, étant la fin universelle.

. . . .

« Faisons un pas de plus dans ces choses profondes.

Homme, tu veux, tu fais, tu construis et tu fondes,
Et tu dis : « Je suis seul, car je suis le penseur.
« L'univers n'a que moi dans sa morne épaisseur.
« En deçà, c'est la nuit; au delà, c'est le rêve.
« L'idéal est un œil que la science crève.
« C'est moi qui suis la fin et qui suis le sommet. »
Voyons, observes-tu le bœuf qui se soumet?
Écoutes-tu le bruit de ton pas sur les marbres?
Interroges-tu l'onde? et, quand tu vois des arbres,
Parles-tu quelquefois à ces religieux?
Comme sur le versant d'un mont prodigieux,
Vaste mêlée aux bruits confus, du fond de l'ombre,
Tu vois monter à toi la création sombre.
Le rocher est plus loin, l'animal est plus près.
Comme le faîte altier et vivant, tu parais!
Mais, dis, crois-tu que l'être illogique nous trompe?
L'échelle que tu vois, crois-tu qu'elle se rompe?
Crois-tu, toi dont les sens d'en haut sont éclairés,
Que la création qui, lente et par degrés,
S'élève à la lumière, et, dans sa marche entière,
Fait de plus de clarté luire moins de matière
Et mêle plus d'instincts au monstre décroissant,
Crois-tu que cette vie énorme, remplissant
De souffles le feuillage et de lueurs la tête,
Qui va du roc à l'arbre et de l'arbre à la bête,
Et de la pierre à toi monte insensiblement,
S'arrête sur l'abîme à l'homme, escarpement?
Non, elle continue, invincible, admirable,
Entre dans l'invisible et dans l'impondérable,
Y disparaît pour toi, chair vile, emplit l'azur
D'un monde éblouissant, miroir du monde obscur,
D'êtres voisins de l'homme et d'autres qui s'éloignent,
D'Esprits purs, de voyants dont les splendeurs témoignent,
D'anges faits de rayons comme l'homme d'instincts;
Elle plonge à travers les cieux jamais éteints,

Sublime ascension d'échelles étoilées,
Des démons enchaînés monte aux âmes ailées,
Fait toucher le front sombre au radieux orteil,
Rattache l'astre esprit à l'archange soleil,
Relie, en traversant des millions de lieues,
Les groupes constellés et les légions bleues,
Peuple le haut, le bas, les bords et le milieu,
Et dans les profondeurs s'évanouit en Dieu!

. . . .

« Cette échelle apparaît vaguement dans la vie
Et dans la mort. Toujours les justes l'ont gravie :
Jacob en la voyant, et Caton sans la voir.
Ses échelons sont deuil, sagesse, exil, devoir !

. . . .

« Et cette échelle vient de plus loin que la terre.
Sache qu'elle commence aux mondes du mystère,
Aux mondes des terreurs et des perditions ;
Et qu'elle vient, parmi les pâles visions,
Du précipice où sont les larves et les crimes,
Où la création, effrayant les abîmes,
Se prolonge dans l'ombre en spectre indéfini.
Car, *au-dessous du globe où vit l'homme banni,*
Hommes, plus bas que vous, dans le nadir livide,
Dans cette plénitude horrible qu'on croit vide,
Le mal, qui par la chair, hélas ! vous asservit,
Dégorge une vapeur monstrueuse qui vit !
Là, sombre et s'engloutit, dans des flots de désastres,
L'hydre Univers tordant son corps écaillé d'astres ;
Là, tout flotte et s'en va dans un naufrage obscur ;
Dans ce gouffre sans bord, sans soupirail, sans mur,
De tout ce qui vécut pleut sans cesse la cendre ;
Et l'on voit tout au fond, quand l'œil ose y descendre,
Au delà de la vie, et du souffle et du bruit,
Un affreux soleil noir d'où rayonne la nuit !

. . . .

« Comment de tant d'azur tant de terreur s'engendre,
Comment le jour fait l'ombre et le feu pur la cendre,
Comment la cécité peut naître du voyant,
Comment le ténébreux descend du flamboyant,
Comment du monstre esprit naît le monstre matière,
Un jour, dans le tombeau, sinistre vestiaire,
Tu le sauras ; *la tombe est faite pour savoir ;*
Tu verras; aujourd'hui, tu ne peux qu'entrevoir ;
Mais puisque Dieu permet que ma voix t'avertisse,
Je te parle. Et d'abord, qu'est-ce que la justice ?
Qui la rend ? qui la fait ? où ? à quel moment ?
Qui donc pèse la faute ? et qui le châtiment ?

. . . .

« L'être créé se meut dans la lumière immense.
Libre, *il sait où le bien cesse où le mal commence ;*
Il a ses actions pour juges. Il suffit
Qu'il soit méchant ou bon ; tout est dit. Ce qu'on fit,
Crime est notre geôlier, ou, vertu, nous délivre.
L'être ouvre à son insu de lui-même le livre ;
Sa conscience calme y marque avec le doigt
Ce que l'ombre lui garde ou ce que Dieu lui doit.
On agit, et l'on gagne ou l'on perd à mesure ;
On peut être étincelle ou bien éclaboussure ;
Lumière ou fange, archange au vol d'aigle ou bandit ;
L'échelle vaste est là. Comme je te l'ai dit,
Par des zones sans fin la vie universelle
Monte, et par des degrés innombrables ruisselle,
Depuis l'infâme nuit jusqu'au charmant azur.
L'être en la traversant devient mauvais ou pur.
En haut plane la joie ; *en bas l'horreur se traîne*
Selon que l'âme, aimante, humble, bonne, sereine,
Aspire à la lumière *et tend vers l'idéal,*
Ou s'alourdit, immonde, au poids croissant du mal,
Dans la vie infinie on monte et l'on s'élance,
Ou l'on tombe ; *et tout être est sa propre balance.*

Dieu ne nous juge point. Vivant tous à la fois,
Nous pensons, et chacun descend selon son poids (1).

. . . .

« L'âme que sa noirceur chasse du firmament
Descend dans les degrés divers du châtiment.
Toute faute qu'on fait est un cachot qu'on s'ouvre.
Les mauvais, ignorant quel mystère les couvre,
Les êtres de fureur, de sang, de trahison,
Avec leurs actions bâtissent leur prison.

. . . .

« Les mondes, dans la nuit que vous nommez l'azur,
Par les brèches que fait la mort blême à leur mur ;
Se jettent en fuyant l'un à l'autre des âmes.
Dans notre globe où sont tant de geôles infâmes,
Vous avez des méchants de tous les univers,

. . . .

« Ici vient aboutir de tous les points du ciel
La chute des punis, ténébreuse traînée.
Dans cette profondeur, morne, âpre infortunée,
De chaque globe il tombe un flot vertigineux
D'âmes, d'esprits malsains et d'êtres vénéneux,
Flot que l'éternité voit sans fin se répandre.
Chaque étoile au front d'or qui brille, laisse prendre
Sa chevelure d'ombre en ce puits effrayant.
Ame immortelle, vois, et frémis en voyant :
Voilà le précipice exécrable où tu sombres.
Oh ! qui que vous soyez, qui passez dans ces ombres,
Versez votre pitié sur ces douleurs sans fond !
Oh ! qui que vous soyez, pleurez sur ces misères !
Pour Dieu seul, qui sait tout, elles sont nécessaires.

. . . .

« Nous avons, nous voyants du ciel supérieur,
Le spectacle inouï de nos régions basses

(1) Tout ceci est du plus pur spiritisme.

O songeur, fallait-il qu'en ces nuits tu tombasses !
Nous entendons le bruit du rayon que Dieu lance,
La voix de ce que l'homme appelle le silence.
A travers la matière, affreux caveau sans portes,
L'ange est pour nous visible avec ses ailes mortes.

. . . .

« Roi forçat, l'homme, esprit, pense, et matière, mange.
L'âme en lui ne se peut dresser sur son séant.
L'homme, comme la brute abreuvé de néant,
Vide toutes les nuits le verre noir du somme.
La chaîne de l'enfer, liée au pied de l'homme,
Ramène chaque jour vers le cloaque impur
La beauté, le génie, envolés dans l'azur,
Mêle la peste au souffle idéal des poitrines
Et traîne, avec Socrate, Aspasie aux latrines (1).

. . . .

« Par un côté pourtant l'homme est illimité.
Songeur, retiens ceci : l'homme est un équilibre.
L'homme est une prison où l'âme reste libre.
L'âme, dans l'homme, agit, fait le bien, fait le mal,
Et, pour que, dans son vol vers les cieux, rien ne lie
Sa conscience ailée et de Dieu seul remplie,
Dieu, quand une âme éclôt dans l'homme au bien poussé
Casse en son souvenir le fil de son passé.
Et l'âme, *remontant à sa beauté première,*
Va de l'ombre fatale à la libre lumière ;
Or, je te le redis, *pour se transfigurer,*
Et pour se racheter, l'homme doit ignorer.
Il doit être aveuglé par toutes les poussières.
Sans quoi, comme l'enfant guidé par des lisières,
L'homme vivrait, marchant droit à la vision.
Douter est sa puissance et sa punition.
Il voit la rose, et nie ; il voit l'aurore, et doute.

(1) *Proh pudor !*

Où serait le mérite à retrouver sa route,
Si l'homme, voyant clair, roi de sa volonté,
Avait la certitude, ayant la liberté ?
Non. Il faut qu'il hésite en la vaste nature,
Qu'il traverse du choix l'effrayante aventure,
Et qu'il compare au vice agitant son miroir,
Au crime, aux voluptés, l'œil en pleurs du devoir ;
Il faut qu'il doute ! Hier croyant, demain impie ;
Il court du mal au bien ; il scrute, sonde, épie,
Va, revient, et, tremblant, agenouillé, debout,
Les bras étendus, triste, il cherche Dieu partout ;
Il tâte l'infini jusqu'à ce qu'il l'y sente ;
Alors, son âme ailée éclate frémissante ;
L'ange éblouissant luit dans l'homme transparent.
Le doute le fait libre, et la liberté grand.
La captivité sait; la liberté suppose,
Creuse, saisit l'effet, le compare à la cause,
Croit vouloir le bien-être et veut le firmament;
Et, cherchant le caillou, trouve le diamant.
C'est ainsi que du ciel l'âme à pas lent s'empare.

. . . .

« Espérez ! espérez ! espérez ! misérables !
Pas de deuil infini, pas de maux incurables,
   Pas d'enfer éternel !
Les douleurs vont à Dieu, comme la flèche aux cibles;
Les bonnes actions sont les gonds invisibles
   De la porte du ciel.

. . . .

« L'heure approche. Espérez. Rallumez l'âme éteinte !
Aimez-vous ! aimez-vous, car c'est la chaleur sainte,
   C'est le feu du vrai jour.
Le sombre univers, froid, glacé, pesant, réclame
La sublimation de l'être par la flamme,
   De l'homme par l'amour!

. . . .

« O disparition de l'antique anathème !
La profondeur disant à la hauteur : « Je t'aime ! »
   O retour du banni !
Quel éblouissement au fond des cieux sublimes !
Quel surcroît de clarté que l'ombre des abîmes
   S'écriant : « Sois béni ! »

. . . .

« Tout sera dit. Le mal expirera, les larmes
Tariront ; plus de fers, plus de deuils, plus d'alarmes ;
   L'affreux gouffre inclément
Cessera d'être sourd, et bégaiera : « Qu'entends-je ! »
Les douleurs finiront dans toute l'ombre ; un ange
   Criera : « Commencement ! »

. . . .
. . . .

Terminons en donnant médianimiquement la parole à un autre grand poète, Alfred de Musset, qui sans avoir chanté la chute ici-bas, en a été lui-même un exemple vivant.

Le poète exhale ses regrets, et s'adresse *à ses anciens amis de la terre :*

Après avoir chanté les rêves d'un amour
Qui passa comme une ombre et n'a duré qu'un jour,
Après avoir chanté cette folle maîtresse
Qui m'endormait le soir dans sa fatale ivresse,
Après avoir rempli la coupe des plaisirs
Pour étancher la soif de mes brûlants désirs,
Et vidé d'un seul trait la liqueur et la lie,
Aujourd'hui j'ai besoin de pleurer ma folie.
Chers amis, je croyais dans mon sublime orgueil,
En agissant ainsi échapper à l'écueil

De l'ennui, qui toujours m'a suivi sur la terre
Comme un spectre hideux me traînant sur la pierre
Du chemin, m'écrasant sous son poids de géant,
En me forçant à croire à l'impuissant néant,
Quand je doutais de Dieu. Sacrilège et blasphème
Qui devait attirer du Très-Haut l'anathème,
Et marquer sur mon front l'ineffaçable sceau
Que j'ai porté partout, même dans mon tombeau,
Et que j'ai retrouvé par delà votre monde
Encore rouge et saignant, comme une plaie immonde
Qui faisait fuir au loin mes amis d'autrefois,
Que j'avais vu jadis accourir à ma voix,
Et qui fermaient leurs yeux pour ne pas voir mon ombre
Se frayant un chemin dans ces déserts sans nombre,
Et demandant en vain à leur vieille amitié
Une larme à mes pleurs, à mes cris la pitié.
Arrivé dans ce monde étrange et fantastique,
J'entendis comme un bruit lugubre et satanique.
La foule allait, passait et repassait toujours
Et toujours répétait ces chants : « Folles amours,
« Vos baisers m'ont quitté, quand j'ai quitté la terre;
« Et votre image ici n'est plus qu'une chimère. »
Alors des cris perçants et des rires stridents
Mêlaient à ce refrain leurs accords discordants.
Et puis il se faisait un morne et froid silence
Plus effrayant encor que la folle cadence
De ces chants infernaux. Et moi triste et troublé
Je cherchais sur ces bords un endroit isolé
Pour pleurer à mon aise et cacher ma faiblesse
Aux yeux de tous ces fous, qui, partout et sans cesse,
Me poursuivaient encor de leur mépris moqueur
Ce fut un vain espoir qui glissa sur mon cœur;
Il me fallut souffrir des souffrances cruelles
Avant d'apprendre ici les doctrines nouvelles
Qui devaient de mon doute effacer la pâleur,

En me montrant le but où finit la douleur,
Le ciel, et sur sa route un flambeau qui l'éclaire :
La Foi, guidant les pas de sa sœur la Prière.

Dans ces heures de deuil, que de fois, ô Byron,
Que de fois en silence, ai-je maudit ton nom !
Ton nom, que j'évoquais, ô merveilleux génie,
Dans mes jours de débauche et dans mes nuits d'orgie ;
Ton nom, qu'en lettres d'or, sur mon jeune drapeau
J'avais inscrit ; ton nom, que dans son noir tombeau
Mon ombre murmurait de ses lèvres glacées
Au passant écartant les branches enlacées
De mon saule pleureur, pour mieux lire mes vers
Sur mon marbre cachés par ses longs rameaux verts !
Pardonne-moi d'avoir alors troublé ton âme
Qui reposait peut-être, et rallumé la flamme
De ce foyer éteint, qui depuis si longtemps
La brûlait, le remords, ce feu vengeur du temps !
Plus tard, j'appris par toi les peines infinies
Que ton ombre, mêlée à nos ombres punies,
Eut à souffrir ici. Je le compris bien mieux
Quand, remis de mon trouble, habitant d'autres lieux,
Nouveau disciple, assis au banc de ton école,
Il fallut en entrant fouler aux pieds l'idole
Qui reçut autrefois ton hommage et tes chants ;
Il fallut, dans des vœux solennels et touchants,
Abjurer le néant et *traîner dans la fange*
Les fleurs de son autel. Je le fis : en échange
Tu me promis d'apprendre à connaître ton Dieu,
Ce Dieu dont la puissance, en tout temps, en tout lieu,
Partout, où ce qui naît, vit, grandit et respire
Vient peupler, sous sa main, son éternel empire,
Ce monde universel, qui fut créé par lui,
Qui ne changea jamais, et qui marche aujourd'hui
Comme il marchait hier, sous le fardeau des âges,

En troublant par ses lois et les fous et les sages;
Ce Dieu que tant de fois mon orgueil outragea.
Dans ses vers éhontés, *et qui ne se vengea*
Qu'en me montrant un jour, et la pauvre faiblesse,
Et les tristes écarts de ma triste jeunesse.
Et ce fut toi, Byron, qui par lui fus choisi
Pour me faire connaître et m'enseigner ici
Le néant de mon être et ma folle impuissance
Qui voulait de mon Dieu mesurer la puissance.
O mystère profond, ne te semble-t-il pas
Que Dieu, dans sa justice, ait étendu son bras
Pour nous frapper tous deux en nous faisant promettre
A moi coupable élève, à toi coupable maître,
De déchirer partout notre honteux drapeau
Et de jeter au vent son vieux crêpe en lambeau?
De marcher sans trembler sous la sainte bannière
Que portait autrefois l'Homme-Dieu sur la terre,
Et de prêcher sans cesse à tous la Charité,
A tous la Foi, l'amour, à tous la vérité?

Avant de repartir pour ce nouveau voyage,
Ah! demandons à Dieu la force et le courage
De remplir ce mandat qui nous rendra les cieux.
Prions, prions tous deux, et nous combattrons mieux.
      Et vous, bruits de la terre,
      Passez, vous que j'aimais,
      Ne troublez plus jamais,
      La voix de la prière!

           « ALFRED DE MUSSET. »

Paris, 1865, médium L. Vavasseur.

    (*Echos poétiques d'outre-tombe*; 1 vol, in-18.)

ÉPILOGUE

« Demandez au Seigneur de comprendre ses vérités, et votre entendement sera ouvert.

« Frappez aux portes de l'éternité, et vous parviendrez dans le sanctuaire.

« Adressez-vous au Dispensateur de toutes grâces pures et divines ; adressez-vous à lui avec pureté, avec amour.

« Demandez-lui la lumière pour éclairer vos frères, et il remettra lui-même le flambeau en vos mains, et ses rayons illumineront le monde (1). »

(1) J. B. Roustaing. *Les quatre Evangiles.* 1 vol., page 273.

TABLE

	Pages.
Préface. — A mes frères spirites.	v
Sommaire des chapitres.	ix
Introduction.	xiii
Chap. I. Considérations physiologiques.	1
Chap. II. Considérations psychologiques.	13
Chap. III. Considérations morales.	43
Chap. IV. Considérations évangéliques.	73
Chap. V. Considérations fluidiques.	89
Chap. VI. Considérations médianimiques.	113
Chap. VII. Appendice. — Nos poètes.	191
Épilogue.	225

ERRATUM

Page 167, 9ᵉ ligne, lire : *le troquer*.
— 177, 19ᵉ — — : *de Katie*.
— 217, 14ᵉ — — : *votre globe*.
— 217, 33ᵉ — — : *vos régions*.

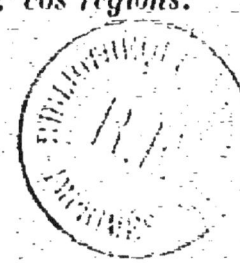

www.ingramcontent.com/pod-product-compliance
Lightning Source LLC
Chambersburg PA
CBHW060126170426
43198CB00010B/1057